나는 긴장을 기르는 것 같아

세계시인선

18

# 나는 긴장을 기르는 것 같아

로버트 크릴리

정은귀 옮김

I Think I Grow Tensions
Robert Creeley

SELECTED POEMS OF ROBERT CREELEY, 1945-2005
*by Robert Creeley*

Copyright © The Regents of the University of California 1991
All rights reserved.

Korean translation edition is published by arrangement with
University of California Press through Duran Kim Agency.

Korean Translation Copyright © Minumsa 2025

이 책의 한국어 판 저작권은 듀란킴 에이전시를 통해
University of California Press와 독점 계약한 ㈜민음사에 있습니다.

저작권법에 의해 한국 내에서 보호를 받는 저작물이므로
무단 전재와 무단 복제를 금합니다.

차례

## 1부 끌림

| | |
|---|---|
| 계시 The Revelation | 11 |
| 새를 쫓으며 Chasing the Bird | 13 |
| 변화들 The Changes | 15 |
| 누군가의 결혼을 위하여 For Somebody's Marriage | 17 |
| 카툴루스와 함께 쿵짝쿵짝 Stomping with Catullus | 19 |
| "노동은 모순에 맞서고, 자연의 폭력에 폭력을 가하는 행위…" | 23 |
| "To Work Is to Contradict Contradictions, to Do Violence to Natural Violence…" | |
| 보트 창고에서 In a Boat Shed | 25 |
| 그 문장 The Sentence | 27 |

## 2부 사랑

| | |
|---|---|
| 그런 위기 The Crisis | 31 |
| 그런 천진함 The Innocence | 33 |
| 로르카를 기리며 After Lorca | 35 |
| 부도덕한 제안 The Immoral Proposition | 37 |
| 공모 The Conspiracy | 39 |
| 비즈니스 The Business | 41 |
| 경고 The Warning | 43 |
| 여자들 모습 A Form of Women | 45 |
| 아 안 돼 Oh No | 51 |

| | |
|---|---|
| 결혼 A Marriage | 53 |
| 절망하는 남편의 발라드 Ballad of the Despairing Husband | 55 |
| 만약 당신이 If You | 61 |
| 그 꽃 The Flower | 65 |
| 코레 Kore | 67 |
| 비 The Rain | 71 |
| 한밤 Midnight | 75 |
| 노래 The Song | 77 |
| 균열들 The Cracks | 79 |
| 표지판 The Sign Board | 83 |
| 하루가 저물 때 The End of the Day | 85 |
| 겁이 나 For Fear | 87 |
| 말라르메 풍으로 After Mallarmé | 89 |

## 3부 단어

| | |
|---|---|
| 리듬 The Rhythm | 93 |
| 사막의 산들 The Mountains in the Desert | 97 |
| 딱히 뚜렷한 이유도 없이 For No Clear Reason | 99 |
| 나 I | 101 |
| 무언가 Something | 105 |
| 언어 The Language | 109 |
| 창 The Window | 113 |
| 분노 Anger | 117 |

어떤 사진 A Picture     137

농장 The Farm     139

## 4부 조각

가족 The Family     143

미국 America     145

장소 Place     147

새들에게 The Birds     149

소리들 Sounds     153

비 Rain     155

기질 The Temper     159

주방 Kitchen     161

에코 Echo     163

하루 One Day     165

여기 Here     167

계획은 몸이다 The Plan Is the Body     169

전화 Phone     175

앉으시오 Sit Down     177

도쿄에서 할 일들 Things to Do in Tokyo     179

사랑 Love     191

끝 End     193

## 5부 거울

| | |
|---|---|
| 자화상 Self-Portrait | 197 |
| 어머니 목소리 Mother's Voice | 201 |
| 아 사랑아 Oh Love | 205 |
| 버펄로의 저녁 Buffalo Evening | 207 |
| 겨울 Winter | 209 |
| 아 Oh | 213 |
| 노래 Song | 215 |
| 역병 Plague | 217 |
| 생각하니 Thinking | 221 |
| 육신 Body | 225 |
| 그 길 The Road | 231 |
| 옛 이야기 Old Story | 235 |
| 생각해 보니 "To think..." | 237 |
| 옛 노래 Old Song | 239 |
| 안녕 또 안녕 Bye and Bye | 241 |
| 지상에서 On Earth | 243 |
| | |
| 작품에 대하여: 긴장을 기르는 이들에게, Onward! | 245 |

1부

끌림

# The Revelation

I thought that if I were broken enough
I would see the light
like at the end of a small tube, but approachable.

I thought chickens laid eggs
for a purpose.

For the reason expected, a form occurred more
blatant and impossible

to stop me.

## 계시

내가 충분히 부서지면
빛을 볼 수 있을 거라 생각했어
작은 관 끝에서처럼, 그러나 닿을 수 있는 빛을.

닭들이 알을 낳는 건
다 이유가 있다고 생각했어.

예상한 대로, 어떤 형태가 나타났어
더 노골적이고 나를

막을 수 없는.

# Chasing the Bird

The sun sets unevenly and the people
go to bed.

The night has a thousand eyes.
The clouds are low, overhead.

Every night it is a little bit
more difficult, a little

harder. My mind
to me a mangle is.

## 새를 쫓으며

해가 삐뚤빼뚤 지고 사람들은
잠자리에 들지.

밤은 천 개의 눈이 있어.
구름은, 머리 위로 낮게 드리우고.

매일 밤, 조금 더
어렵고, 조금 더

벅차네. 내 마음은
나를 쥐어짜고.

# The Changes

People don't act
like they act
in real life
in real life. They

are slower
and record the passive changes
of atmosphere.

Or change themselves
into green persian dogs
and birds.

        When you see one
you know the world is a contrivance.
It has proverbiality.
People are poor.

## 변화들

사람들은
현실에서
현실에서 행동하듯
행동하지 않아. 사람들은

더 느릿하고
대기의 수동적인 변화들을
기록하지.

아니면 스스로를
초록색 페르시아 개
그리고 새로 바꾸기도 하고.

       누가 그러는 걸 보면 너는
알게 되지 세상은 억지로 짜 맞춘 거란 걸.
진부한 세상인 거지.
사람들은 가난해.

# For Somebody's Marriage

All night in a thoughtful
mood, she

resigned herself to a
conclusion — heretofore

rejected. She
woke lonely,

she had
slept well, yet

because of it her
mind was clearer, less

defended —
though confident.

## 누군가의 결혼을 위하여

밤새 골똘히
생각에 잠겨, 그녀는

이제껏
거부했던 ─ 어떤 결론을

수긍했다. 그녀는
외로이 깨어났다,

아주
잘 잤다, 하지만

그 덕분에 정신은
더 맑아졌고, 덜

방어적이 되었다 ─
자신감은 여전했지만.

# Stomping with Catullus

1

My love — my love says
she loves me.
And that she would never have
anyone but me.

Though what a woman tells
to a man who pushes her
should be written in wind and quickly
moving water.

2

My old lady says I'm it,
she says nobody else cd ever make it.

But what my old lady says when pushed to it, —
well, that don't make it.

3

My old lady is a goof at heart,
she tells me she loves me, we'll never part —

# 카툴루스와 함께 쿵짝쿵짝


1
내 사랑—내 사랑이 말하네
나를 사랑한다고.
나 말고는 아무도
없을 거라고.

여자가 자신을 밀어붙이는
남자에게 하는 말은
바람에다 또 빠르게
흐르는 물에다 적어야 하는 거지만.

2
우리 마나님은 내가 최고라고 하네,
나 말고 아무도 해낼 수 없다고.

하지만 굳이 캐물으면 마나님 말씀은,—
글쎄, 그건 좀 아니지.

3
우리 마나님은 헛똑똑이라서,
내게 사랑한다고, 절대 헤어지지 말자 하네—

but what a goofed up chick will tell to a man
is best written in wind & water & sand.

4
Love & money & a barrel of mud,
my old man gives out for stud,

comes home late from his life of sin,
now what do you think I should tell to him?

5
We get crazy but we have fun,
life is short & life gets done,

time is now & that's the gig,
make it, don't just flip yr wig.

하지만 좀 맹한 여자가 남자한테 하는 말은
바람과 물과 모래에 적는 게 제일 낫다.

4
사랑과 돈과 엉망진창 진흙 통,
우리 남편은 씨나 뿌려 대는,

죄 많은 인생살이, 집에 늦게 들어와,
자, 그에게 내가 무슨 말 해야 할까요?

5
우리는 미쳐 날뛰지만 재미도 있잖아.
인생은 짧고 인생은 금방 끝나,

기회는 바로 지금, 지금이라고,
쫄지 말고, 까짓것 제대로 놀아 봐.

# "To Work Is to Contradict Contradictions, to Do Violence to Natural Violence…"

To consummate
the inconsummate, and make of it

the unending. Work,
work, work.

Six days of the week you shall work,
on the seventh you shall think about it.

'Mary, pass the potatoes' becomes
division of subject & object.

Work, work, work.
Get them yourself.

Thought is a process of work,
joy is an issue of work.

## "노동은 모순에 맞서고,
## 자연의 폭력에 폭력을 가하는 행위…"

불완전한 것을
완전하게 하는 것, 또

끝나지 않은 걸 끝내는 것. 일,
일, 일하는 것.

일주일 중 엿새는 일을 해야지,
이렛날에는 그에 대해 생각해야지.

'메리, 감자 좀 줘 봐'에서
주체와 객체는 분리된다.

일, 일, 일.
네가 알아서 가져가.

사유는 일의 과정이고,
기쁨은 일의 결과이니.

# The Sentence

There is that in love
which, by the syntax of,
men find women and join
their bodies to their minds

— which wants so to acquire
a continuity, a place,
a demonstration that it must
be one's own sentence.

## 그 문장

사랑에는 그런 게 있어,
이를테면, 남자들이 여자들을 찾아
육체를 정신과 결합시키는
구문론 같은 것,

─일테면 연속성도 얻고 싶고,
장소도 얻고 싶고, 그것이 자기
자신의 문장이어야 함을
증명하고 싶어 하는 것 말이야.

2부

사랑

# The Crisis

Let me say (in anger) that since the day we were married
we have never had a towel
where anyone could find it,
the fact.
        Notwithstanding that I am not
simple to live with, not
my own judgement, but no
matter.
        There are other things:

to kiss you is not
to love you.
        Or not so simply.

Laughter releases rancor, the quality of mercy is not
strained.

# 그런 위기

(젠장) 우리 결혼한 이후로
수건이 누구나 쉽게 찾을 수 있는
곳에 있었던 적이 단 한 번도 없다고,
그게 팩트라고.
                내가 같이 살기에 쉬운 사람은
아니지만, 그래 내 판단은
아니지만, 뭐 그건
중요하지 않아.
              다른 문제도 있다고:

당신에게 키스하는 게
당신을 사랑한다는 뜻은 아니야.
                아, 그렇게 간단하지 않다고.

웃음이 앙금을 풀어 주네, 자비는 억지로
짜내는 게 아니잖아.

# The Innocence

Looking to the sea, it is a line
of unbroken mountains.

It is the sky.
It is the ground. There
we live, on it.

It is a mist
now tangent to another
quiet. Here the leaves
come, there
is the rock in evidence

or evidence.
What I come to do
is partial, partially kept.

## 그런 천진함

바다를 바라보면, 산맥이 끝없이
죽 이어져 있다.

그게 하늘이다.
그게 땅이다. 거기
우리가 산다, 그 위에.

지금은 옅은 안개가,
또 다른 고요에
닿아 있다. 여기 잎이
돋아나고, 저기
바위가 명확한 물증으로

자리한다, 증거로.
내가 하려는 일은
일부분, 일부분만 이루어진다.

# After Lorca
FOR M. MARTI


The church is a business, and the rich
are the business men.
                                When they pull on the bells, the
poor come piling in and when a poor man dies, he has a
wooden
    cross, and they rush through the ceremony.

But when a rich man dies, they
drag out the Sacrament
and a golden Cross, and go *doucement, doucement*
to the cemetery.

And the poor love it
and think it's crazy.

# 로르카를 기리며
M. 마티를 위해


교회는 장사고, 부자들은
장사꾼들이다.
     땡땡 종을 치면, 가난한
이들이 몰려들고 가난한 사람 하나 죽으면, 그에게
  나무
십자가를 얹어서, 사람들은 장례식을 서두른다.

그런데 부자가 죽으면, 사람들은
성체 성사를 거행한다,
황금 십자가 앞세워, 느긋하게, 느긋하게
묘지로 향한다.

가난한 이들은 그걸 좋아한다.
미친 짓이라 생각하면서.

# The Immoral Proposition

If you never do anything for anyone else
you are spared the tragedy of human relation

ships. If quietly and like another time
there is the passage of an unexpected thing:

to look at it is more
than it was. God knows

nothing is competent nothing is
all there is. The unsure

egoist is not
good for himself.

## 부도덕한 제안

타인을 위해 아무것도 하지 않는다면
당신은 인간관계에서 오는 비극을 피할 수

있다. 만약 조용히 다른 때처럼
뜻밖의 일이 스쳐 지나간다면:

그것을 응시하는 것은
그저 있었던 것 이상의 의미니. 신은 알고

계신다, 그 무엇도 완전하지 않고 그 무엇도
전부일 수 없다는 것을. 확신 없는

이기주의자는 자기 자신에게도
아무 도움이 되지 않는다.

# The Conspiracy

You send me your poems,
I'll send you mine.

Things tend to awaken
even through random communication.

Let us suddenly
proclaim spring. And jeer

at the others,
all the others.

I will send a picture too
if you will send me one of you.

## 공모

당신이 쓴 시들을 내게 보내 주면
내가 쓴 시들을 보내 드리지요.

무심히 주고받는 소통 속에서도
뭔가가 깨어나기 마련이지요.

봄이 왔다고
갑자기 선포해 보고. 놀려도 봐요,

다른 이들을,
다른 모든 이들을.

당신이 사진 한 장 보내 준다면
나 또한 당신 사진 한 장 보내 드리지요.

# The Business

To be in love is like going out
side to see what kind of day

it is. Do not
mistake me. If you love

her how prove she
loves also, except that it

occurs, a remote chance on
which you stake

yourself? But barter for
the Indian was a means of sustenance.

There are records.

## 비즈니스

사랑에 빠진다는 건 오늘 날씨가 어떤가
보려고 밖에 나가는 것과 비슷

하지요. 오해는
마세요. 당신이 그녀를

사랑한다고 해서, 그녀도 당신을
사랑한다는 걸 어찌 증명하겠어요, 그냥

일어나는 일, 아주 희박한 가능성에
당신 자신을 거는 수

밖에요? 하지만 물물교환은 원래
인디언에게는 생존 수단이었잖아요.

기록에도 남아 있어요.

# The Warning

For love — I would
split open your head and put
a candle in
behind the eyes.

Love is dead in us
if we forget
the virtues of an amulet
and quick surprise.

## 경고

사랑을 위해서 ─ 나는
당신 머리를 쪼개어서
당신 눈 뒤에
촛불 하나 넣으리.

만약 우리가 부적의 효능과
깜짝 놀라게 하는 효험을
잊는다면, 우리 안의
사랑은 죽은 거와 같아.

# A Form of Women

I have come far enough
from where I was not before
to have seen the things
looking in at me through the open door

and have walked tonight
by myself
to see the moonlight
and see it as trees

and shapes more fearful
because I feared
what I did not know
but have wanted to know.

My face is my own, I thought.
But you have seen it
turn into a thousand years.
I watched you cry.

I could not touch you.
I wanted very much to

## 여자들 모습

전에는 없던 곳에서
충분히 멀리 왔어,
문틈으로 나를 들여다보는
것들을 볼 수 있을 만큼

오늘 밤은
혼자 걸었지,
달빛을 보았지
달빛이 나무로 보였지,

더 두려운 형상들,
알지 못했기에
두려웠지만
알고 싶었던 것들.

내 얼굴은 내 것이라고 생각했어.
하지만 당신은 그게 천년 세월로
변하는 걸 봐 왔지.
당신이 우는 것을 보았어.

나 당신을 만질 수 없었어.
정말로 당신을

touch you
but could not.

If it is dark
when this is given to you,
have care for its content
when the moon shines.

My face is my own.
My hands are my own.
My mouth is my own
but I am not.

Moon, moon,
when you leave me alone
all the darkness is
an utter blackness,

a pit of fear,
a stench,
hands unreasonable
never to touch.

만지고 싶었지만
만질 수 없었어.

만약 어두워져서
이걸 당신에게 줄 수 있다면,
달빛이 비칠 때
그 안에 든 걸 잘 살펴보길.

내 얼굴은 내 것이고.
내 손도 내 것이고.
내 입술도 내 것이야
하지만 나는 내가 아니야.

달아, 달아,
네가 나를 혼자 남겨 두면
모든 어둠은
완전한 칠흑이고,

두려움의 구덩이,
악취이고,
절대 닿을 수 없는
무정한 손길이야.

But I love you.
Do you love me.
What to say
when you see me.

하지만 나 당신을 사랑해.
당신은 나를 사랑하나.
당신이 나를 보면
무슨 말을 할까.

# Oh No

If you wander far enough
you will come to it
and when you get there
they will give you a place to sit

for yourself only, in a nice chair,
and all your friends will be there
with smiles on their faces
and they will likewise all have places.

## 아 안 돼

충분히 멀리 헤매고 나면
당신은 거기 도착할 거야
거기에 가게 되면
앉을 자리 하나 내어 줄 거야

당신만을 위한 자리, 근사한 의자,
친구들이 모두 거기 있을 거야
얼굴에 웃음을 띠면서
걔들도 다 자기 자리가 있을 거야.

# A Marriage

The first retainer
he gave to her
was a golden
wedding ring.

The second — late at night
he woke up,
leaned over on an elbow,
and kissed her.

The third and the last —
he died with
and gave up loving
and lived with her.

# 결혼

그가 그녀에게 준
첫 번째 징표는
금으로 된
결혼반지였다.

두 번째는——늦은 밤
잠에서 깨어,
팔꿈치로 몸을 지탱하고
그녀에게 키스한 것.

세 번째이자 마지막은——
그녀와 함께 죽은 것
사랑을 포기하고
그녀와 함께 산 것.

# Ballad of the Despairing Husband

My wife and I lived all alone,
contention was our only bone.
I fought with her, she fought with me,
and things went on right merrily.

But now I live here by myself
with hardly a damn thing on the shelf,
and pass my days with little cheer
since I have parted from my dear.

Oh come home soon, I write to her.
Go fuck yourself, is her answer.
Now what is that, for Christian word?
I hope she feeds on dried goose turd.

But still I love her, yes I do.
I love her and the children too.
I only think it fit that she
should quickly come right back to me.

Ah no, she says, and she is tough,
and smacks me down with her rebuff.

## 절망하는 남편의 발라드

아내와 나, 줄곧 우리끼리 살았고,
다툼은 우리의 유일한 뼈대였지.
나는 아내와 싸웠고, 아내는 나와 싸웠고,
아주 신나게 돌아갔지.

하지만 이제 나 여기 덩그러니 혼자 사네
선반에는 제길 아무것도 없고,
하루하루 아무 낙 없이 지내
아내가 떠난 후론 계속 그래.

얼른 집에 와, 아내에게 편지를 써도.
지랄하고 자빠졌네, 그녀의 대답.
세상에나, 기독교인의 말이, 뭐 저래?
말라비틀어진 거위 똥이나 처먹기를.

그래도 난 아직도 아내를 사랑해, 정말로.
아내도 아이들도 사랑해.
아내가 바로 내게 돌아오는 것만이
맞는 일이라고 생각해.

아 싫어, 아내는 딱 잘라 말하네.
매몰차게 아내는 퇴짜를 놓네

Ah no, she says, I will not come
after the bloody things you've done.

Oh wife, oh wife — I tell you true,
I never loved no one but you.
I never will, it cannot be
another woman is for me.

That may be right, she will say then,
but as for me, there's other men.
And I will tell you I propose
to catch them firmly by the nose.

And I will wear what dresses I choose!
And I will dance, and what's to lose!
I'm free of you, you little prick,
and I'm the one can make it stick.

Was this the darling I did love?
Was this that mercy from above
did open violets in the spring —
and made my own worn self to sing?

싫어, 아내가 말하네, 당신이 저지른 그
끔찍한 짓들 생각하면 나 안 돌아가.

오 여보, 여보, — 진심이라고,
당신 말고는 아무도 사랑한 적 없잖아.
앞으로도 그럴 거야, 당신 말고는
다른 여자 절대 없다고.

그럴지도 모르지, 그럼 아내는 말하겠지,
하지만 나한텐 다른 남자들이 있어.
내가 맘만 먹으면 그 남자들
콱 낚아챌 수 있다구.

옷도 내 맘대로 입을 거야!
춤도 출 거야, 잃을 게 뭐가 있어!
난 당신 굴레에서 벗어났다고, 쪼잔한 인간아,
뭘 하든 내가 다 할 수 있어.

이 여자가 내가 사랑했던 사람인가?
하늘에서 내려온 자비였나
봄에 제비꽃을 피워 내고 —
지쳐 버린 나를 노래하게 만들었던?

She was. I know. And she is still,
and if I love her? then so I will.
And I will tell her, and tell her right...

Oh lovely lady, morning or evening or afternoon.
Oh lovely lady, eating with or without a spoon.
Oh most lovely lady, whether dressed or undressed or partly.
Oh most lovely lady, getting up or going to bed or sitting only.

Oh loveliest of ladies, than whom none is more fair, more gracious, more beautiful.
Oh loveliest of ladies, whether you are just or unjust, merciful, indifferent, or cruel.
Oh most loveliest of ladies, doing whatever, seeing whatever, being whatever.
Oh most loveliest of ladies, in rain, in shine, in any weather.

Oh lady, grant me time,
please, to finish my rhyme.

맞아, 그녀였어. 지금도 그래,
내가 사랑만 주면? 그럼 나는 그렇게 할 거야.
또 그녀에게 말할 거야, 똑바로 말할 거야……

어여쁜 여인아, 아침에도 저녁에도 오후에도.
어여쁜 여인아, 숟가락으로 먹든 젓가락으로 먹든.
가장 어여쁜 여인아, 옷을 입었든 벗었든 반쯤 걸쳤든.
가장 어여쁜 여인아, 일어나든 잠자리에 들든 가만히 앉아만
    있든.

가장 어여쁜 여인아, 이보다 더 예쁘고 우아하고 아름다운
    이는 없으니.
가장 어여쁜 여인아, 당신이 정의롭든 불의하든, 자비롭든
    무관심하든, 혹은 잔인하든,
가장 어여쁜 여인아, 당신이 무얼 하든, 무얼 보든, 무엇이
    되든,
가장 어여쁜 여인아, 비가 오든, 눈이 오든, 어떤 날씨에든.

오 여인아, 제발 시간을 줘,
제발, 이 노래를 마칠 수 있게.

# If You

If you were going to get a pet
what kind of animal would you get.

A soft bodied dog, a hen —
feathers and fur to begin it again.

When the sun goes down and it gets dark
I saw an animal in a park.

Bring it home, to give it to you.
I have seen animals break in two.

You were hoping for something soft
and loyal and clean and wondrously careful —

a form of otherwise vicious habit
can have long ears and be called a rabbit.

Dead. Died. Will die. Want.
Morning, midnight. I asked you

if you were going to get a pet

## 만약 당신이

만약 당신이 반려동물을 키우게 되면
어떤 동물을 키우고 싶은지.

보들보들한 강아지나, 암탉? —
깃털이랑 털이 덮여 다시 시작하는.

해가 지고 어둑할 때
공원에서 동물 한 마리 보았어.

집에 데려와, 당신에게 주려고.
동물이 둘로 쪼개어지는 것도 봤어.

당신은 부드럽고 충실하며 깨끗하고
놀랍도록 조심스러운 뭔가를 바라고 있었지 —

원래는 사악한 습성을 가진 녀석이
긴 귀를 하고는 토끼라 불릴 수도 있는 것.

죽었다. 죽었어. 죽을 거야. 그랬으면.
아침, 한밤. 나 당신에게 물어보았지

만약 당신이 반려동물을 키우게 되면

what kind of animal would you get.

어떤 동물을 키우고 싶은지.

# The Flower

I think I grow tensions
like flowers
in a wood where
nobody goes.

Each wound is perfect,
encloses itself in a tiny
imperceptible blossom,
making pain.

Pain is a flower like that one,
like this one,
like that one,
like this one.

# 그 꽃

나는 긴장을 기르는 것 같아
아무도 가지 않는
어느 숲 속의
꽃들처럼.

상처는 저마다 완전하여,
눈에 띌까 말까 한 조그마한
꽃망울 속에 스스로를 가두고,
아픔을 만드네.

아픔은 저 꽃과도 같아,
이 꽃과도 같고,
저 꽃과도 같고,
이 꽃과도 같아.

# Kore

As I was walking
   I came upon
chance walking
   the same road upon.

As I sat down
   by chance to move
later
   if and as I might,

light the wood was,
   light and green,
and what I saw
   before I had not seen.

It was a lady
   accompanied
by goat men
   leading her.

Her hair held earth.
   Her eyes were dark.

# 코레

걷다가 보니
   우연히도
같은 길을
   계속 걷게 되었지.

잠시 앉아
   나중에라도
움직일 수 있다면
   그럴 수 있도록,

숲은 싱그러웠지
   연둣빛으로 싱그러웠지,
전에는 보지 못한 걸
   나는 보게 되었지.

그건 어떤 여인이었어
   그 곁에는
염소 인간들이 함께
   그녀를 이끌고 있었어.

그녀 머리카락엔 흙이 묻었고.
   그녀 눈은 까맸지.

A double flute
>   made her move.

"O love,
>   where are you
leading
>   me now?"

이중 플루트가
    그녀를 움직였지.

"아 사랑아,
    당신은 지금
나를 어디로
    데려가는 건가요?"

# The Rain

All night the sound had
come back again,
and again falls
this quiet, persistent rain.

What am I to myself
that must be remembered,
insisted upon
so often? Is it

that never the ease,
even the hardness,
of rain falling
will have for me

something other than this,
something not so insistent —
am I to be locked in this
final uneasiness.

Love, if you love me,
lie next to me.

# 비

밤새도록 빗소리가
계속 들려왔지.
조용하고 끈질긴 비가
계속 내리네.

나는 나 자신에게
대체 무엇이길래
그토록 자주 기억되고,
주장되어야 하는 걸까? 혹시

비 내리는 것,
쉬운 것도 아니고,
그렇다고 어려운 것도 아닌,
그것이 내게는 지금과는 다른

어떤 것, 그토록 절실하지 않은
어떤 것으로 다가올 수는 없는 걸까 —
나는 이 마지막 불안감에
갇혀 있어야 하는 걸까.

사랑아, 나를 사랑한다면,
내 옆에 누워 주오.

Be for me, like rain,
the getting out

of the tiredness, the fatuousness, the semi
lust of intentional indifference.
Be wet
with a decent happiness.

나를 위해 있어다오, 비처럼,
벗어나는 것으로

피로, 어리석음, 의도적인 무관심이 낳은
어설픈 욕망을 씻어 주라.
마땅한 행복으로
젖어 있어라.

# Midnight

When the rain stops
and the cat drops
out of the tree
to walk

away, when the rain stops,
when the others come home, when
the phone stops,
the drip of water, the

potential of a caller
any Sunday afternoon.

## 한밤


비가 그치고
고양이가 나무에서
툭 떨어져
살금살금

가 버리고, 비가 그치고,
다른 이들이 집으로 돌아올 때
전화가 끊기고,
물방울 떨어지고, 어느

일요일 오후에 누가
전화할지도 몰라.

# The Song

It still makes sense
to know the song after all.

My wiseness I wear
in despair of something better.

I am all beggar,
I am all ears.

Soon everything will be sold
and I can go back home

by myself again
and try to be a man.

# 노래

결국 그 노래를 아는 것이
의미 있는 일이긴 해.

더 나은 걸 기대할 수 없기에
씁쓸하게 나는 깨닫는 것이지.

나는 온통 거지꼴에다,
온통 귀만 열려 있어.

곧 모든 것이 다 팔리면
나는 집으로 돌아갈 수 있겠지

다시 혼자서
하나의 인간이 되려고 애쓸 수 있겠지.

# The Cracks

Don't step
so lightly. Break
your back, missed
the step. Don't go

away mad, lady in
the nightmare. You
are central,
even necessary.

I will attempt to describe you.
I will be completely without
face, a lost
chance, nothing at all left.

"Well," he said
as he was leaving,
"blood
tells."

But you remembered quickly
other times, other faces,

## 균열들

그렇게 살금살금
걷지는 마세요. 계단을
헛디디고, 허리가
나가겠어요. 화를

내지는 마세요, 악몽
속의 여인이여. 당신이
중심에 있고,
심지어 꼭 필요해요.

당신을 묘사해 볼게요.
얼굴도 없이, 잃어버린
기회, 남은 것은
아무것도 없어요.

"그러게", 떠나면서
그가 말했지요,
"피는
못 속여."

하지만 당신은 금세
다른 시간들, 다른 얼굴들을

and I slipped between the good
intentions, breathlessly.

What a good boy am I who
wants to. Will you,
mother, come quickly,
won't you. Why not

go quietly, be left
with a memory
or an insinuation or two
of cracks in a pavement.

떠올렸고, 나는 선한
의도들 사이로 숨 가쁘게 미끄러졌지요.

하고 싶어 하는 나는 얼마나
착한 아이인지. 엄마,
엄마는, 얼른 오시겠지요,
그렇죠. 조용히

떠나는 건 어떨까요,
어떤 기억과 함께, 어떤 암시,
혹은 보도블록에 난 균열 두엇과
함께 남겨지는 건요.

# The Sign Board

The quieter the people are
the slower the time passes

until there is a solitary man
sitting in the figure of silence.

Then scream at him,
come here you idiot it's going to go off.

A face that is no face
but the features, of a face, pasted

on a face until that face
is faceless, answers by

a being nothing there
where there was a man.

## 표지판

사람들이 잠잠할수록
시간은 더 느리게 흐른다

그러다 한 고독한 남자가
침묵을 형상화한 듯 앉는다.

그러면 그에게 소리를 질러 보아라,
이리로 와, 멍텅구리야, 터지기 직전이야.

얼굴이 아닌 얼굴
하지만 이목구비가 덕지덕지

붙어서 만들어진 얼굴이, 얼굴 없는
얼굴이, 대답한다

한 남자가 있던 그곳에
아무것도 아닌 하나의 존재로.

# The End of the Day

Oh who is
so cosy with
despair and
all, they will

not come,
rejuvenated, to
the last spectacle
of the day. Look!

the sun is
sinking, now
it's
gone. Night,

good and sweet
night, good
night, good, good
night, has come.

## 하루가 저물 때

아 누가 절망으로
또 모든 것으로
그토록 아늑한지,
그들은

그날의 마지막
광경을 보러
새 힘을 얻어서
오진 않을 것이니. 보아라!

해가
지고 있다, 이제
다
사라졌다. 밤,

좋고 향기로운
밤, 좋은
밤, 좋고, 좋은
밤이, 왔다.

# For Fear

For fear I want
to make myself again
under the thumb
of old love, old time

subservience
and pain, bent
into a nail that will
not come out.

Why, love, does it
make such a difference
not to be heard
in spite of self

or what we may feel,
one for the other,
but as a hammer
to drive again

bent nail
into old hurt?

# 겁이 나

겁이 나 내가
다시 이렇게 될까 봐
옛 사랑, 낡은 시간의
엄지손가락 아래에서

굴종과
고통, 구부러져
빠지지 않는 못이
되고 싶어질까 봐.

사랑이여, 어찌하여
그리 큰 차이를 만드는지
자신도 어찌할 수 없이
들리지 않는다는 것이

혹은 우리 서로에게,
어떤 감정을 느끼든,
결국 망치가 되어
다시 박아 넣는 것이

구부러진 못을
그 오래된 상처에?

3부

# 단어

# The Rhythm

It is all a rhythm,
from the shutting
door, to the window
opening,

the seasons, the sun's
light, the moon,
the oceans, the
growing of things,

the mind in men
personal, recurring
in them again,
thinking the end

is not the end, the
time returning,
themselves dead but
someone else coming.

If in death I am dead,
then in life also

# 리듬


모든 게 리듬이다,
문이 닫히는 것에서
창문 열리는
것까지,

계절, 태양의
빛, 달,
대양, 만물이
자라는 일,

인간의 마음은
개인적이지만, 반복된다
그 안에서, 다시,
끝이 끝이 아니라고

생각하면서, 시간이
돌아오고,
자신은 죽지만
다른 누군가가 온다고 믿는다.

죽음 안에서 내가 죽는다면,
삶 안에서도 또한

dying, dying...
And the women cry and die.

The little children
grow only to old men.
The grass dries,
the force goes.

But is met by another
returning, oh not mine,
not mine, and
in turn dies.

The rhythm which projects
from itself continuity
bending all to its force
from window to door,
from ceiling to floor,
light at the opening,
dark at the closing.

죽어 가고, 죽어 가고,……
여자들은 울고 또 죽고.

어린아이들은
노인이 될 뿐이고.
풀이 마르고,
기운은 없어지고.

하지만 다른 무언가가
돌아온다, 아, 내 것은 아니지만,
내 것은 아니지만, 결국
차례로 그것도 죽는다.

스스로 계속 이어진다고
믿게 만드는 리듬은
모든 것을 굴복시켜서
창문에서 문으로,
천장에서 바닥으로,
열림에는 빛을,
닫힘에는 어둠을 가져다준다.

# The Mountains in the Desert

The mountains blue now
at the back of my head,
such geography of self and soul
brought to such limit of sight,

I cannot relieve it
nor leave it, my mind locked
in seeing it
as the light fades.

Tonight let me go
at last out of whatever
mind I thought to have,
and all the habits of it.

## 사막의 산들

이제 산은 푸르다
내 머리 뒤에서,
자아와 영혼의 지리가
시야의 끝까지 펼쳐져 있다,

나는 그걸 떨쳐 낼 수도 없고
떠날 수도 없다, 마음은 갇혀서
빛이 바래 가는
저 풍경을 보는데.

오늘밤 부디
내가 가도록 내버려 둬
내가 가지려 했던 마음,
그 모든 습관에서 벗어나도록.

# For No Clear Reason

I dreamt last night
the fright was over, that
the dust came, and then water,
and women and men, together
again, and all was quiet
in the dim moon's light.

A paean of such patience —
laughing, laughing at me,
and the days extend over
the earth's great cover,
grass, trees, and flower-
ing season, for no clear reason.

# 딱히 뚜렷한 이유도 없이

어젯밤 꿈을 꿨다
두려움은 끝이 났다, 먼지가
왔다가, 그다음엔 물이,
여자들과 남자들도, 다 함께
다시, 그리고 희미한 달빛 속에서
모든 것이 고요해졌다.

인내심에 대한 찬가 같았다 —
나를 비웃으며, 비웃으며,
그날들은 드넓은 세상 위로
계속 이어진다,
풀과 나무와 꽃 피는
계절로, 딱히 뚜렷한 이유도 없이.

I

"is the grandson
of Thomas L. Creeley, who acquired
eight acres of Belmont land around 1880 and

continued

"His house was numbered 375
Common st.

and his farm lands,
through the heart of which the present Creeley
rd. runs, adjoined

the Chenery holdings and extended
toward Waverly from upper
Common st.
        The author's father, the late
Dr. Oscar Creeley,
was a prominent Watertown physician
for many years
        and headed
the staff of Symmes Hospital in Arlington."

# 나

"는 손자다
토머스 L. 크릴리의 손자,
1880년 즈음, 벨몬트 땅 8에이커를 사들여서

이어갔다

"그의 집은
코먼 스트리트 375번지였고.

아버지의 농장은,
현재 크릴리 로드가 뻗어 있는 곳
가운데를 지나서

체너리가의 땅과 접해 있고
코먼 스트리트 위쪽에서
웨이벌리 쪽으로 뻗어 간다.
     작가의 아버지, 돌아가신
오스카 크릴리 박사는
오랫동안
워터타운의 저명한 의사였고
     알링턴 심스 병원의
의료진을 총지휘했다."

I, is late

But I saw a picture of him once, T. L.
in a chair in Belmont, or it was his invalid
and patient wife they told me sat there, he
was standing, long and steady faced,
a burden to him she was, and the son. The
other child had died

They waited, so my father
who also died when I is four gave all
to something like
the word "adjoined," "extended"
so I feels

I sees the time as long and wavering
grass in all about the lot in all that
cemetery again the old man owned a part of
so they couldn't dig him up.

나는, 늦었다

하지만 언젠가 할아버지 사진을 본 적이 있다,
벨몬트에서 의자에 앉아, T.L. 아마 그분 아니면
몸이 안 좋아 힘들어하던 부인이 앉았다고 하던데,
그는 길쭉하니 꼿꼿한 얼굴로 서 있었다,
약한 아내와 아들이 그에게는 짐이었다. 다른
아이가 하나 있었는데 죽었다

그들은 기다렸고, 내 아버지는
내가 네 살 때 돌아가셨는데,
"인접한" "뻗어 있는"이라는 단어
같은 것에 모든 걸 주셨다
그래서 나는 느낀다

그 시간을 길고 흔들리던 풀처럼 본다,
그 묘지 주변에서 사람들이 자신을
파낼 수 없도록 노인이 다시 사들인
묘지에서 흔들리던 풀처럼.

# Something

I approach with such
a careful tremor, always
I feel the finally foolish

question of how it is,
then, supposed to be felt,
and by whom. I remember

once in a rented room on
27th street, the woman I loved
then, literally, after we

had made love on the large
bed sitting across from
a basin with two faucets, she

had to pee but was nervous,
embarrassed I suppose I
would watch her who had but

a moment ago been completely
open to me, naked, on

## 무언가

그처럼 조심스러운 떨림으로
나는 다가간다, 늘
느낀다, 그것이 어떤지

누가 어떻게 느껴야 하는지
기어이 그 어리석은 질문을 던지게
된다. 기억이 난다

27번가, 월세 방에서
그때 내가, 말 그대로,
사랑했던 여인, 우리가

큰 침대에서 사랑을 나눈
후에, 맞은편에는 수도꼭지 두 개 달린
세면대가 있었고, 그녀가

오줌이 마려워서 불안해하고,
당황스러워하던 일, 내 생각에
좀 전에 발가벗고

같은 침대에서 내게
완전히 열려 있던 그녀를

the same bed. Squatting, her

head reflected in the mirror,
the hair dark there, the
full of her face, the shoulders,

sat spread-legged, turned on
one faucet and shyly pissed. What
love might learn from such a sight.

본 것 같아. 쭈그리고 앉은

그녀 머리가 거울에 비쳤지,
그 검은 머리카락,
꽉 찬 얼굴, 어깨가 있었지,

다리 벌리고 앉아, 수도꼭지 하나를
틀고는 수줍게 오줌을 쌌지. 사랑이
그 장면에서 무엇을 배울 수 있을까.

# The Language

Locate
*I love you*
some-where in

teeth and
eyes, bite
it but

take care not
to hurt, you
want so

much so
little. Words
say everything.

*I*
*love you*
again,

then what
is emptiness

# 언어

놓아두라
어딘가 나는
당신을 사랑해를

이와
눈에, 그걸
깨물어라 하지만

다치지 않게
조심하면서, 당신은
원하네 너무

많이 너무
적게. 말들은
모든 것을 말한다.

나는
당신을 사랑해
다시,

그러면 대제
왜

for. To

fill, fill.
I heard words
and words full

of holes
aching. Speech
is a mouth.

공허한지. 채우

려고, 채우려 하기에.
나는 말들을 들었다
아픈 구멍

가득한
말들을. 발화는
입이다.

# The Window

Position is where you
put it, where it is,
did you, for example, that

large tank there, silvered,
with the white church along
side, lift

all that, to what
purpose? How
heavy the slow

world is with
everything put
in place. Some

man walks by, a
car beside him on
the dropped

road, a leaf of
yellow color is

# 창

위치란 당신이 그걸
두는 곳, 그것이 존재하는 곳,
예를 들어서, 저기

은빛으로 거대한 탱크,
옆에 하얀 교회와
함께, 그 모든 걸

들어 올려, 어떤
목적으로? 얼마나
무거운가, 그 느린

세상은 모든
것이 제자리에
놓여 있다. 어떤

남자가 지나가고, 그
옆에 차 한 대가
뚝 떨어진 길

위로, 노란 색깔
이파리 하나가

going to

fall. It
all drops into
place. My

face is heavy
with the sight. I can
feel my eye breaking.

막 떨어질

것만 같고. 모든
것이 제자리로
떨어진다. 내

얼굴은 그 광경에
무겁다. 내 눈이
빠개지는 것 같다.

# Anger

1
The time is.
The air seems a cover,
the room is quiet.

She moves, she
had moved. He
heard her.

The children
sleep, the dog fed,
the house around them

is open, descriptive,
a truck through the walls,
lights bright there,

glaring, the sudden
roar of its motor, all
familiar impact

as it passed

# 분노

1
때가 되었다.
공기는 덮개 같다,
방은 고요하다.

그녀가 움직인다, 그녀는
움직였더랬다. 그는
그 소릴 들었다.

아이들은
잠을 잔다, 개가 밥을 먹었고,
그들을 둘러싼 집은

열려 있다, 묘사적이다,
트럭 한 대가 벽 사이로 지난다,
거기 밝은 불빛,

눈부시고, 갑작스러운
차의 모터 소리, 모든 것이
익숙한 충격으로

그토록 가까이

so close. He
hated it.

But what does she answer.
She moves
away from it.

In all they save,
in the way of his saving
the clutter, the accumulation

of the expected disorder —
as if each dirtiness,
each blot, blurred

happily, gave
purpose, happily —
she is not enough there.

He is angry. His
face grows — as if
a moon rose

지나간다. 그는 그게
끔찍이 싫었다.

하지만 그녀는 뭐라고 대답하나.
그녀는 거기서
멀어진다.

그들이 아끼는 모든 것에서,
그가 아끼는 방식으로
잡동사니, 예상된 무질서가

쌓여만 가고 —
마치 각각의 더러움이,
얼룩 하나하나가,

행복하게 흐릿해져서
행복하게 목적을 부여하듯 —
그녀는 거기에 적합하지 않다.

그는 화가 난다. 그의
얼굴이 커진다 — 마치
달이 떠오르듯

the edge of it,
as if she were

not to be pulled in,
a hand could
stop him. Then

as the shouting
grows and grows
louder and louder

with spaces
of the same open
silence, the darkness,

in and out, him-
self between them,
stands empty and

holding out his
hands to both,
now screaming

바라본다,
마치 그녀가

끌려 들어가지 않도록,
손이 그를
멈출 수 있을 듯. 그때

고함 소리가
커지고 점점 더
점점 더 커진다,

똑같이 열려 있는
침묵의
공간들과, 어둠 속에서,

들락날락하며, 그
자신은 그들 사이에,
텅 빈 채로 서서

양쪽으로
손을 내민다,
이제 비명을 지른다

it cannot be
the same, she
waits in the one

while the other
moans in the hole
in the floor, in the wall.

2
Is there some odor
which is anger,

a face
which is rage.

I think I think
but find myself in it.

The pattern
is only resemblance.

똑같을 수는
없다고, 그녀는
그 하나 안에서 기다리고

다른 하나가
바닥에, 벽에 난
구멍에서 신음한다.

2
분노라는
어떤 냄새가 있는가,

분노라는
얼굴이 있는가.

나는 생각한다 나는 생각한다
하지만 그 안에 있는 나 자신을 발견할 뿐.

패턴은
다만 닮음일 뿐.

I cannot see myself
but as what I see, an

object but a man,
with lust for forgiveness,

raging, from that vantage,
secure in the purpose,

double, split.
Is it merely intention,

a sign quickly adapted,
shifted to make

a horrible place
for self-satisfaction.

I rage.
I rage, I rage.

3

나는 나 자신을 볼 수 없다
다만 내가 보듯이, 하나의

객체이며, 용서를 갈구하는
욕망에 휩싸인 한 사람,

그 입장에서, 분노하고,
확고한 목적 아래,

이중으로, 분열되어 있다.
그건 단순히 의도일까,

재빨리 적응하는 표시일까,
자기만족을 위한

끔찍한 장소를 만들려
변모하는 표시일까.

나는 분노한다.
나는 분노한다, 나는 분노한다.

3

You did it,
and didn't want to,

and it was simple.
You were not involved,

even if your head was cut off,
or each finger

twisted
from its shape until it broke,

and you screamed too
with the other, in pleasure.

4
Face me,
in the dark,
my face. See me.

It is the cry
I hear all

당신이 해냈다,
그리고 원하지 않았다,

그리고 그건 간단했다.
당신은 상관 안 했다,

당신 머리가 잘려도,
손가락 하나하나가

모양이 뒤틀려
마침내 부러지게 되어도,

다른 이와 함께, 기쁨으로
당신도 비명을 질렀다.

4
나를 마주 보라,
어둠 속에서
내 얼굴을. 나를 바라보라.

그것은 울음이다
내가 평생

my life, my own

voice, my
eye locked in
self sight, not

the world what
ever it is
but the close

breathing beside
me I reach out
for, feel as

warmth in
my hands then
returned. The rage

is what I
want, what
I cannot give

듣고 있는, 나 자신의

목소리다, 나의
눈이다 자기 시선에
갇혀 버린, 그게

무엇이든 세상이
아니라,
내 옆에서

숨을 쉬는
가까운 그 숨에
나는 손을 뻗어, 느낀다

그때 되돌아온
내 손에 있는
따스함을. 분노는

내가 원하는
것이다, 세상 속
나 자신에 대해

to myself, of

myself, in

the world.

5
After, what

is it — as if

the sun had

been wrong to return,

again. It was

another life, a

day, some

time gone, it

was done.

But also

the pleasure, the

opening

relief

나 자신에게
내가 줄 수 없는
것이다.

5
이후에, 그게
무엇이든—마치
태양이

다시 돌아온 것이
잘못인 양. 그것은
또 다른 삶이었다, 다른

하루, 지나간
어떤 시간, 그건
끝이 났다.

동시에
기쁨이,
열리는

안도감이 있다,

even in what
was so hated.

6
All you say you want
to do to yourself you do
to someone else as yourself

and we sit between you
waiting for whatever will
be at last the real end of you.

심지어 그토록
미움받았던 것 안에도.

6
당신이 당신에게 하고 싶다는 말들,
결국 다른 사람에게 당신 모습으로
똑같이 하고 있으며

그리고 우리는 당신 사이에 앉아서
마침내 당신의 진정한 끝이 될
그 무엇을 기다리고 있다.

# A Picture

A little
house with
small
windows,

a gentle
fall of the
ground to
a small

stream. The trees
are both close
and green, a tall
sense of enclosure.

There is a sky
of blue
and a faint sun
through clouds.

## 어떤 사진

자그마한
집에
작은 창문들
옹기종기,

땅은
야트막하게
작은 개울가로
살짝

기울고. 나무는
빽빽하고
푸르러서, 키 큰 담벼락처럼
에워싼 느낌.

하늘은
파랗고
구름 사이로
희미한 햇살 비춘다.

# The Farm

Tips of celery,
clouds of

grass —— one
day I'll go away.

# 농장

셀러리 끝자락,
풀잎

구름——어느
날, 나 떠나야지.

4부

조각

# The Family

    Father
    and mother
    and sister
    and sister
    and sister.
    .

    Here we are.
    There are five
    ways to say this.

# 가족

아버지
그리고 어머니
또 누나
또 누나
또 누나.

자, 우리가 여기에.
이걸 말하는 방법
다섯 가지나 있어.

# America

America, you ode for reality!
Give back the people you took.

Let the sun shine again
on the four corners of the world

you thought of first but do not
own, or keep like a convenience.

*People* are your own word, you
invented that locus and term.

*Here,* you said and say, is
where we are. Give back

what we are, these people you made,
*us,* and nowhere but you to be.

# 미국

미국, 현실을 위한 너의 찬가!
네가 빼앗은 이들을 돌려주라.

세계의 네 귀퉁이에
태양이 다시 비추게 하라

네가 먼저 생각했지만 소유하지도
않고, 편리하게 갖고 있지 않은 곳에.

사람들, 너 자신의 단어, 네가
그 장소와 용어를 만들어 냈지.

여기, 우리가 있는 곳이라고
네가 말했고 말하고 있다, 되돌려 주라

우리 그대로를, 네가 만든 이 사람들을,
우리, 그리고 너 말고는 있을 곳 없는 우리를.

# Place

    Thinking of you asleep on a
        bed on a pillow, on a
        bed — the ground or space

you lie on. That's enough to
    talk to now I got space and
    time like a broken watch.

   .

Hello there — instant
reality on the other
end of this so-called line.

   .

Oh no you
don't, do you?

   .

Late, the words, late
the form of them, al

ready past what they were
fit for, one and two and three.

# 장소

잠든 당신 모습을 생각한다
　침대 위에서, 베개 위에서
　침대 위에서, 당신이 눕는

땅이나 공간. 생각만으로도
　충분히 이야기가 돼. 시간도 공간도
　망가진 시계처럼 널널하거든.
　　·

거기 누구 없나요? —— 이른바
선이라고 하는 회선 저편의
즉각적인 현실이여.
　·

설마, 아니겠지
그렇지?
　·

늦었어, 그 단어들, 형태도
다 늦었어, 이미

제 역할을 다 해 버렸지,
하나 그리고 둘 그리고 셋.

# The Birds
## FOR JANE AND STAN BRAKHAGE

I'll miss the small birds that come
for the sugar you put out
and the bread crumbs. They've

made the edge of the sea domestic
and, as I am, I welcome that.
Nights my head seemed twisted

with dreams and the sea wash,
I let it all come quiet, waking,
counting familiar thoughts and objects.

Here to rest, like they say, I best
liked walking along the beach
past the town till one reached

the other one, around the corner
of rock and small trees. It was
clear, and often empty, and

peaceful. Those lovely ungainly
pelicans fished there, dropping

## 새들에게
### 제인과 스탠 브래키지를 위하여

작은 새들이 그리울 거야
당신이 놓아둔 설탕과
빵 부스러기 먹으러 오는. 새들은

바닷가를 집처럼 친숙하게
만들었고, 나는, 나대로, 그걸 반기네.
내 머리가 온갖 꿈들로

파도로 뒤틀린 것 같은 밤들,
나는 깨어나, 모든 걸 조용히 내버려두고,
익숙한 생각들과 사물들을 헤아려 보네.

여기서 쉬면서, 흔히들 말하듯, 나는
해변을 따라 걷는 걸 가장 좋아했지,
마을을 지나 그러다 바위와

작은 나무들 있는 모퉁이를 돌면
다른 마을에 다다르지. 맑고,
종종 텅 비어 있어서,

평화로웠지. 그 사랑스러운 못생긴
펠리컨들이 거기서 돌처럼 곤두박질치며

like rocks, with grace, from the air,

headfirst, then sat on the water,
letting the pouch of their beaks
grow thin again, then swallowing

whatever they'd caught. The birds,
no matter they're not of our kind,
seem most like us here. I want

to go where they go, in a way, if
a small and common one. I want
to ride that air which makes the sea

seem down there, not the element
in which one thrashes to come up.
I love water, I *love* water —

but I also love air, and fire.

공중에서 우아하게 물고기를 낚고,

머리부터 물속에 잠겼다가
그러다 물 위에 앉아,
부리 주머니를 다시 얇게 만들고는

붙잡은 것을 삼켰지. 새들은,
우리와 같은 종은 아니지만,
여기선 우리와 가장 닮아 있어. 나는

어떤 면에서는, 작고 흔한 존재로서
새들이 가는 곳에 가고 싶어. 나는 바다를
저 밑에 있는 것처럼 보이게 하는,

허우적거리며 올라와야 하는 요소가 아닌,
저 대기를 타 보고 싶어. 나는 물을
사랑해, 나는 물을 사랑한다고 —

하지만 나는 대기와 불 또한 사랑하지.

# Sounds

Some awful
grating sound
as if some monstrous
nose were being blown.

  .

*Yuketeh, yuketeh —*
moves slow through the water.

  .

Velvet purr,
resting —

  .

Slosh, slush,
longer wash
of it. Con
verses.

  .

*Tseet, tseet —*
then chatter,
all the way home.

## 소리들

어떤 끔찍한
까끌까끌한 소리가
마치 어떤 거대한
코를 푸는 것 같아.
　·

유케테, 유케테 —
물속에서 느리게 움직인다.
　·

부드러운 가르랑 소리,
휴식 —
　·

첨벙, 찰박,
더 길게 밀려오는
물결 소리. 대화
한다.
　·

쯧쯧, 쯧쯧 —
그러다 재잘대는 소리,
집으로 가는 내내.

# Rain

Things one sees through
a blurred sheet of glass,
that figures, predestined,
conditions of thought.

.

Things seen through
plastic, rain sheets,
trees blowing in a blurred
steady sheet of vision.

.

Raining, trees blow,
limbs flutter, leaves
wet with the insistent
rain, all over, everywhere.

.

Harry will write
Mabel on Monday.
The communication
of human desires

flows in an apparently
clear pattern, aftersight,

# 비

흐릿한 유리 장막 사이로
투명하게 보이는 것들,
그 형상들, 예정된,
생각의 조건들.

플라스틱, 비의 장막
사이로 보이는 것들,
흐릿하고 안정된 시야의
장막 속에서 나무들 흔들린다.

비가 내리고, 나무들 흔들리고,
가지는 떨리고, 이파리들
끈질긴 빗줄기에 젖어
사방, 도처에 흩뿌려진다.

해리는 월요일에
메이블에게 편지를 쓸 것이다.
인간의 욕망이
소통되는 방식은

듣자 하니 선명한 패턴을
따라 흐른다지만, 지나고 돌아보면,

now they know
for sure what it was.

If it rains, the woods
will not be so dry
and danger averted,
sleep invited.

이제야 그들은 분명히
알게 된다, 그게 무엇이었는지.

비가 내리면, 숲은
그렇게 건조하지 않을 것이고
위험은 피할 수 있을 것이고,
단잠이 찾아들 것이다.

# The Temper

The temper is fragile
as apparently it wants to be,
wind on the ocean, trees
moving in wind and rain.

## 기질

기질은 참 연약해서
일부러 그러고 싶어 하는 것 같고,
바다 위에 부는 바람 같고,
비바람에 흔들리는 나무들 같고.

# Echo

Broken heart, you
timeless wonder.

What a small
place to be.

True, true
to life, to life.

# 에코

깨져 버린 가슴, 당신
영원한 경이로움.

머물기에 얼마나
작은 자리인지.

삶에, 삶에
진실해, 충실해.

# One Day

One day after another —
perfect.
They all fit.

# 하루

하루 또 하루——
완벽해.
모두 딱 맞아떨어져.

# Here

No one

else in the room

except you.

.

Mind's a form

of taking

it all.

.

And the room

opens

and closes.

# 여기

이 방에는
당신 말고는
아무도 없다.
    .

마음은
그 모든 걸
받아들이는 형식 같은 것.
    .

그리고 방은
열리고
또 닫힌다.

# The Plan Is the Body

The plan is the body.
There is each moment a pattern.
There is each time something
for everyone.

The plan is the body.
The mind is in the head.
It's a moment in time,
an instant, second.

The rhythm of one
and one, and one, and one.
The two, the three.
The plan is in the body.

Hold it an instant,
in the mind — hold it.
What was said you
said. The two, the three,

times in the body,
hands, feet, you remember —

## 계획은 몸이다

계획은 몸이다.
매 순간마다 패턴이 있다.
매번 무언가가 있다
모두에게.

계획은 몸이다.
마음은 머릿속에 있다.
그것은 시간 속의 한순간,
찰나, 아주 잠깐.

하나 또 하나의
리듬, 또 하나, 그리고 또 하나.
둘, 셋.
계획은 몸 안에 있다.

그걸 즉시 잡아 보라,
마음속에 ─ 그걸 담아 보라.
말해진 것을 당신은
말했다. 두 번, 세 번,

몸 안에서 여러 번,
손, 발, 당신은 기억하지 ─

I, I remember, I
speak it, speak it.

The plan is the body.
Times you didn't want to,
times you can't think
you want to, you.

Me, *me,* remember, me
here, me wants to, me
am thinking of you.
The plan is the body.

The plan is the body.
The sky is the sky.
The mother, the father —
the plan is the body.

Who can read it.
Plan is the body. The mind
is the plan. *I* —
speaking. The memory

나, 나는 기억해, 나는
그걸 말한다, 그걸 말한다.

계획은 몸이다.
원치 않았던 시간들,
당신이 원한다고
생각할 수 없는 시간들, 당신.

나, 나를, 기억해 줘, 나를
여기, 내가 원하고, 내가
당신을 생각하고 있다고.
계획은 몸이다.

계획은 몸이다.
하늘은 하늘이다.
어머니, 아버지 ─
계획은 몸이다.

누가 읽을 수 있는지.
계획은 몸이다. 마음은
계획이고. 나는 ─
말을 하고. 기억은

gathers like memory, plan,
I thought to remember,
thinking again, thinking.
The mind is the plan of the mind.

The plan is the body.
The plan is the body.
The plan is the body.
The plan is the body.

기억처럼 계획처럼, 모인다,
나는 기억하려고 생각했다,
다시 생각하고, 생각하고.
마음은 마음의 계획이다.

계획은 몸이다.
계획은 몸이다.
계획은 몸이다.
계획은 몸이다.

# Phone

What the words,
abstracted, tell:
specific agony,

pain of one so
close, so distant —
abstract here —

Call back, call
to her — smiling voice.
Say, it's all right.

## 전화

추상화된 언어가
전하는 것은:
구체적인 고통이라,

그토록 가깝고, 그토록
먼 이의 아픔 —
여기선 추상화된 —

다시 전화해, 그녀에게
전화해 — 웃는 목소리로.
괜찮다고 말해 줘.

# Sit Down

Behind things
or in front of them,
always a goddamn
adamant number stands

up and shouts,
*I'm here, I'm here!*
— Sit down.

## 앉으시오

사물의 배후에서
혹은 그 앞에서,
언제나 그 빌어먹을
완강한 숫자가 버티고 서서

일어나 외쳐 댄다,
나 여기 있다, 나 여기 있다!
── 앉으시오.

# Things to Do in Tokyo
## FOR TED BERRIGAN

Wake up.
Go to sleep.
Sit *zazen* five days
in five minutes.

Talk
to the beauty next to me
on plane, go-
ing to San Francisco.

Think it's all a dream.
Return
"passport, wallet and ticket"
to man I'd taken them from.

No mistakes.
This time.
Remember mother
ashed in an instant.

No tears.
No way, other than this one.

## 도쿄에서 할 일들
테드 베리건에게


일어나기.
잠들기.
오 분 동안
오 일간 좌선하기

샌프란시스코행
비행기 안에서,
내 옆의 미인에게
말을 걸어 본다.

모두 꿈이라고 생각하기.
돌려주기
내가 "여권, 지갑, 표"를
훔쳤던 남자에게.

실수 없기.
이번에는.
한순간에 재가 되신
어머니를 기억하기.

울지 말 것.
이것 말고 다른 방법은 없음.

Wander. Sing
songs from memory. Tell

classical Chinese poet
Bob Dylan's the same.
Sit again in air.
Be American.

Love. Eat
*Unspeakable Chicken* —
"old in vain."
Lettuce, tomato —

bread. Be humble.
Think again.
Remy Martin is
Pete Martin's brother?

Drink. Think
of meeting Richard Brautigan,
and brandy, years ago.
(All the wonder,

떠돌아다니기. 기억나는
노래 부르기. 말하기

고전 중국 시인과
밥 딜런은 똑같다고.
다시 공중에 앉기.
미국인 되기.

사랑하기. 먹기
**차마 말할 수 없는 치킨 —**
"헛되이 늙었네."
상추, 토마토 —

빵. 겸손해지기.
다시 생각하기.
레미 마틴은
피트 마틴의 형제?

마시기. 생각하기
리처드 브라우티건을 만났던 것을,
그리고 브랜디를, 오래전.
(모든 경이로움,

all the splendor,
of Ezra Pound!)
Don't be dismayed,
don't be cheap.

No Hong Kong,
no nothing.
Be on the way
to the way

to the way.
Every day's happy,
sad. "That's the way"
to think. Love

people, all over.
Begin at the beginning,
find the end.
Remember everything,

forget it. Go on,

모든 화려함,
에즈라 파운드의!)
낙담하지 말고,
싸게 굴지 않기.

홍콩도,
그 무엇도 없음.
길에 이르는
길에 이르는

길 위에 있기.
매일이 행복하고,
슬프다. "원래 그런 거야"
라고 생각하기. 사람들을

사랑하기, 모두.
처음부터 시작하여,
끝을 찾아서.
전부를 기억하고,

잊어버리기. 계속 나아가기,

and on. Find ecstasy,
forget it.
Eat chicken entirely,

recall absent friends.
Love wife
by yourself, love
women, men,

children.
Drink, eat
"and be merry." Sleep
when you can. Dogs

possibly human? —
not cats or birds.
Let all openings be openings.
Simple holes.

Virtue is people,
mind's eye in trees,
sky above,

계속. 환희를 찾고,
잊어버리기.
치킨을 전부 먹고,

보고 싶은 친구들 떠올리기.
아내를 혼자서
사랑하기, 사랑
여성, 남성,

아이들.
마시고, 먹고
"즐거워하기." 잘 수 있을 때
자기. 개들은

어쩌면 인간? —
고양이나 새가 아닌.
모든 열림을 열림으로 두기.
단순한 구멍들.

미덕은 사람들,
마음의 눈은 나무에,
하늘은 위에,

below's water, earth.

Keep the beat
Confucian — "who
controls." Think man's
possibly beauty's brother,

or husband.
No matter, no mind.
It's here, it's around.
*Sing*

deliberately.
Love all relations,
be father to daughters,
sons. Respect

wife's previous residence
in Tokyo, stories
she told. All time,
all mind, all

아래는 물, 흙.

박자를 유지하기
공자 —"누가
다스리는가." 인간은
어쩌면 아름다움의 형제,

혹은 남편이라 생각하기.
관여 안 하기, 신경 쓰지 말기.
여기에 있고, 주변에 있기.
**노래하기**

신중하게.
모든 관계를 사랑하고,
딸들에게 아버지가 되고,
아들들에게 아버지가 되기. 존경하기

아내의 이전 거주지
도쿄에서, 아내가 들려준
이야기들. 모든 시간,
모든 마음, 모든

worlds,

can't exist

by definition —

are one.

세계는,
정의상으론
존재할 수 없고—
하나다.

# Love

There are words voluptuous
as the flesh
in its moisture,
its warmth.

Tangible, they tell
the reassurances,
the comforts,
of being human.

Not to speak them
makes abstract
all desire
and its death at last.

# 사랑

탐스러운 단어들이 있다
촉촉하고
따뜻한
살갗처럼.

만질 수 있어서, 그것들은
인간으로서 누리는,
안도와,
위안을 전한다.

그것들을 말하지 않으면
모든 욕망은
추상적으로 변하고
결국에는 죽어 버린다.

# End

End of page,
end of this

company — wee
notebook kept

my mind in hand,
let the world stay

open to me
day after day,

words to say,
things to be.

# 끝

페이지의 끝,
이 동반(同伴)의

끝 — 작은
수첩 하나가

내 마음을 손에 넣어,
세상이 내게로

열리게 한다,
하루 또 하루,

해야 할 말들,
되어야 할 것들.

5부

거울

# Self-Portrait

He wants to be
a brutal old man,
an aggressive old man,
as dull, as brutal
as the emptiness around him,

He doesn't want compromise,
nor to be ever nice
to anyone. Just mean,
and final in his brutal,
his total, rejection of it all.

He tried the sweet,
the gentle, the "oh,
let's hold hands together"
and it was awful,
dull, brutally inconsequential.

Now he'll stand on
his own dwindling legs.
His arms, his skin,
shrink daily. And

## 자화상

그는 되고 싶어 한다,
잔인한 노인이,
공격적인 노인이,
그를 둘러싼 공허함처럼
무디고, 잔인한.

그는 타협을 원하지 않는다,
누구에게 좋은 사람이
되고 싶지도 않다. 그 모든 걸
그토록 전적으로 잔인하게 거부함에 있어
다만 비열하게 끝장을 보려 한다.

상냥하고 부드럽게도
시도해 보았다, "오, 함께
손잡고 가자"고도 해봤지만,
그건 끔찍했고,
지루했고, 잔인하게도 무의미했다.

이제 그는 점점
약해지는 다리로 서게 될 것이다.
그의 팔, 그의 피부는
매일 쪼그라든다. 또

he loves, but hates equally.

그는 사랑한다, 하지만 그만큼 증오한다.

# Mother's Voice

In these few years
since her death I hear
mother's voice say
under my own, I won't

want any more of that.
My cheekbones resonate
with her emphasis. Nothing
of not wanting only

but the distance there from
common fact of others
frightens me. I look out
at all this demanding world

and try to put it quietly back,
from me, say, thank you,
I've already had some
though I haven't

and would like to
but I've said no, she has,

# 어머니 목소리

어머니 돌아가시고
최근 몇 년, 나는
내 목소리 밑으로
어머니 목소리를 듣는다, 나

그런 거 더는 싫어.
엄마의 강한 어조에
내 광대뼈가 울린다. 원하지
않는다는 게 아니라,

다른 이들 평범한 현실에서
오는 그 거리가 나를
두렵게 한다. 이 모든
버거운 세상을 내다보며

나는 그걸 내게서 조용히
돌려놓으려 한다. 고마워요, 말하며,
나는 이미 좀 먹었어,
실은 먹지 않았는데

또 먹고 싶은데도,
이미 싫다고 했다, 엄마가 그러셨듯,

it's not my own voice anymore.
It's higher as hers was

and accommodates too simply
its frustrations when
I at least think I want more
and must have it.

더 이상은 내 목소리가 아니다.
예전 엄마 목소리처럼 좀 높아졌고

그 좌절들을 너무 간단히
받아들인다, 적어도
내가 더 많이 원하고
가져야 한다고 생각할 때에도.

# Oh Love

My love is a boat
floating
on the weather, the water.

She is a stone
at the bottom of the ocean.
She is the wind in the trees.

I hold her
in my hand
and cannot lift her,

can do nothing
without her. Oh love,
like nothing else on earth!

# 아 사랑아

내 사랑은 배라서
날씨 위에, 물결 위에
떠 있다.

그녀는 돌
바다 밑바닥에 있는 돌.
그녀는 숲에 부는 바람.

나는 그녀를
두 손에 붙잡고도
들어 올릴 수가 없다,

그녀 없이는
아무것도 할 수 없다. 아 사랑아,
세상 어떤 것도 비할 수 없어!

# Buffalo Evening

Steady, the evening fades
up the street into sunset
over the lake. Winter sits

quiet here, snow piled
by the road, the walks stamped
down or shoveled. The kids

in the time before dinner are
playing, sliding on the old ice.
The dogs are out, walking,

and it's soon inside again,
with the light gone. Time
to eat, to think of it all.

## 버펄로의 저녁

서서히, 저녁이 저문다
거리 위로 호수 너머로
노을이 번져 간다. 겨울이 내려앉는다

고요히 여기에, 길가에
눈이 쌓이고, 보도는 밟혀 다져지거나
삽질되어 있다. 아이들은

저녁 식사 전에 낡은
얼음 위에서 미끄럼 타며 논다.
개들은 밖으로 나와, 산책하다,

곧 다시 안으로 들어가고,
빛이 사라지고. 이제 식사할
시간, 그 모든 걸 생각할 시간.

# Winter

Snow lifts it
by slowing

the movement expected,
makes walking

slower, harder,
makes face ache,

eyes blur, hands fumble,
makes the day explicit,

the night quiet,
the outside more so

and the inside glow
with warmth, with people

if you're lucky, if
world's good to you,

won't so simply

# 겨울

눈은 예상되는
움직임을 늦추어

그걸 들어 올린다,
걷는 것을

더 느리게, 더 힘들게 한다,
얼굴을 에는 듯 아프게 하고,

눈을 침침하게, 손을 어설프게 하고,
하루를 더 뚜렷하게 한다,

밤을 고요하게 하고,
밖을 더 고요하게 한다

집안은 반짝인다
온기로, 사람들로

네가 운이 좋으면,
세상이 네 편이라면,

그렇게 간단히 너를 죽이지도,

kill you, freeze you.

얼려 버리지도 않을 거다.

# Oh

Oh like a bird
falls down

out of air,
oh like a disparate

small snowflake
melts momently.

# 아

아 새 한 마리
허공에서

떨어지듯,
아 흩날리는

작은 눈송이가
덧없이 녹아내리듯.

# Song

What's in the body you've forgotten
and that you've left alone
and that you don't want —

or what's in the body that you want
and would die for —
and think it's all of it —

if life's a form to be forgotten
once you've gone and no regrets,
no one left in what you were —

That empty place is all there is,
and/if the face's remembered,
or dog barks, cat's to be fed.

# 노래

당신이 잊고 있던 몸속의 것
또 당신이 내버려둔 것
또 당신이 원치 않는 것 —

혹은 당신이 원하는
죽도록 원하는 몸속에 있는 것 —
그게 전부라고 생각하는 것 —

만약 인생이 잊히는 형태라면
미련 없이 당신 떠나고 나면,
당신 있던 곳에 아무도 없다면 —

그 텅 빈 자리가 전부라면,
그리고/만약 얼굴이 기억되거나,
개가 짖거나, 고양이 밥을 줘야 한다면.

# Plague

When the world has become a pestilence,
a sullen, inexplicable contagion,

when men, women, children
die in no sense realized, in

no time for anything, a
painful rush inward, isolate —

as when in my childhood the
lonely leper pariahs so seemingly

distant were just down the street,
back of drawn shades, closed doors —

no one talked to them, no one
held them anymore, no one waited

for the next thing to happen — as
we think now the day begins

again, as we look for the faint sun,

# 역병

온 세상이 역병으로 뒤덮여,
울적하고 불가해한 전염병이 창궐할 때,

남녀노소 할 것 없이
제대로 깨닫지도 못한 채 죽어 가고,

무언가를 할 시간도 없이,
고통스럽게 안으로 침잠하며 고립될 때 —

마치 어린 시절
보기엔 멀리 있는 것 같던 나환자들이

바로 길 아래,
내려진 차양 뒤, 닫힌 문 뒤에 있었던 것처럼 —

아무도 그들에게 말 걸지 않고, 아무도
그들을 안아 주지 않으며, 아무도

다음 일을 기다리지 않았던 것처럼 — 마치
지금 우리가 생각하는 것처럼 하루가

다시 시작하고, 우리가 희미한 해를 다시 찾듯이,

as they are still there, we hope, and we are coming.

그들이 아직 거기 있기를 바라며, 우리는 가고 있다.

# Thinking

I've thought of myself
as objective, viz.,
a thing round which
lines could be drawn —

or else placed by years, the average
some sixty, say, a relative
number of months, days,
hours and minutes.

I remember thinking of war
and peace and life
for as long as I can remember.
I think we were right.

But it changes, it thinks
it can all go on forever
but it gets older.
What it wants is rest.

I've thought of place
as how long it takes

## 생각하니


돌이켜 보면 나는 나를
객관적인 존재, 그러니까,
선을 그을 수 있는
둥근 물체 정도로 생각해 왔다 —

혹은 세월이 쌓여 만들어진 존재로
대략 육십 년? 상대적인
몇 달, 며칠,
몇 시간, 몇 분 같은 숫자들의 총합으로.

기억을 되짚어 보면 전쟁과
평화, 그리고 삶에 대해
기억할 수 있는 한 오래전부터 생각했다.
우리가 옳았다고 생각한다.

하지만 그건 변하고, 영원히
지속될 수 있는 것 같아도,
결국 시간은 흘러 나이를 먹는다.
그게 원하는 것은 휴식이고.

장소에 대해서는
거기까지 도달하는 데

to get there and of where
it then is.

I've thought of clouds, of water
in long horizontal bodies, or
of love and women and the children
which came after.

Amazing what mind makes
out of its little pictures,
the squiggles and dots,
not to mention the words.

걸리는 시간과 그곳의
위치로 생각해 보았다.

구름에 대해, 길게 뻗은
수평의 물줄기에 대해, 혹은
사랑과 여자들, 그리고
그 뒤에 따라온 아이들에 대해 생각했다.

마음이 만들어 내는 작은 그림들,
구불거리는 선들과 점들,
단어들은 말할 것도 없고,
이런 것들이 얼마나 놀라운지.

# Body

Slope of it,
hope of it —
echoes faded,
what waited

up late inside
old desires
saw through
the screwed importunities.

This regret?
Nothing's left.
Skin's old,
story's told —

but still touch,
selfed body,
wants other,
another mother

to him, her
insistent "sin"

# 육신

육신의 비탈,
육신의 희망—
희미해진 메아리,
밤이 늦도록

낡은 욕망 속에서
기다린 것이
뒤틀린 강요들을
꿰뚫어 보았다.

이런 후회?
남은 것은 없다.
피부는 늙고,
이야기는 끝났다—

그래도 닿고 싶어,
자아를 가진 육신은,
다른 존재,
또 다른 어머니를 갈망한다

그에게, 그녀에게
끈질긴 '죄'를

he lets in
to hold him.

Selfish bastard,
headless catastrophe.
Sans tits, cunt,
wholly blunt —

fucked it up,
roof top, loving cup,
sweatered room,
old love's tune.

Age dies old,
both men and women cold,
hold at last no one,
die alone.

Body lasts forever,
pointless conduit,
floods in its fever,
so issues others parturient.

그가 받아들여서
껴안는다.

이기적인 놈,
머리 없는 재앙.
젖가슴도, 음부도 없이,
완전히 무감각하게 —

망쳐 버렸다,
옥상에서, 사랑의 잔을,
스웨터 입은 방에서,
옛 사랑의 노래를.

나이 들어 늙어 죽고,
남자도 여자도 차갑게 식어,
결국 아무도 안지 못하고,
홀로 죽는 것이다.

육신은 영원히 지속된다,
무의미한 도관,
그 열병 속에 범람하고,
그렇게 다른 것들을 해산하듯 내보낸다.

Through legs wide,

from common hole site,

aching information's dumb tide

rides to the far side.

벌어진 다리 사이로,
흔한 구멍의 자리에서,
욱씬거리는 정보의 멍한 물결이
저편으로 밀려간다.

# The Road

Whatever was else or less
or more or even
the sinister prospect
of nothing left,

not this was anticipated,
that there would be no one
even to speak of it.
Because all had passed over

to wherever they go.
Into the fiery furnace
to be burned to ash.
Into the ground,

into mouldering skin and bone
with mind the transient guest,
with the physical again dominant
in the dead flesh under the stones.

Was this the loved hand, the
mortal "hand still capable of grasping…"

# 그 길

뭐가 되든 그 이상도 그 이하도
혹은 더 많거나 심지어
아무것도 남지 않으리라는
그 불길한 전망,

이런 건 상상도 못 했다,
그걸 이야기할 사람조차
없을 거라고는.
모두가 건너가 버렸기에

어디로든 가 버렸기에.
불타는 용광로 속으로
재가 되어 버렸기에.
땅속으로,

썩어 문드러지는 살과 뼈 속으로
마음은 잠시 머물다 가는 손님,
돌무덤 아래 죽은 살 속에서
육신이 다시 지배하는 곳.

이게 그 사랑했던 손이었나, 그
죽을 운명의 "여전히 잡을 수 있는 손……"

Who could speak
to make death listen?

One grows older,
gets closer.
It's a long way home,
this last walking.

누가 말을 걸어야
죽음이 귀담아 들을까?

나이를 먹는다,
점점 더 가까워진다.
집으로 가는 먼 길,
이 마지막 여정.

# Old Story

Like kid on float
of ice block sinking
in pond the field had made
from winter's melting snow

so wisdom accumulated
to disintegrate
in conduits of brain
in neural circuits faded

while gloomy muscles shrank
mind padded the paths
its thought had wrought
its habits had created

till like kid afloat
on ice block broken
on or inside the thing it stood
or was forsaken.

# 옛 이야기

겨울 녹은 눈으로
들판에 고인 웅덩이 속
가라앉는 얼음 조각 위에
떠 있는 아이처럼

그렇게 지혜는 쌓여서
뇌의 도관 속에서
희미해진 신경 회로 속에서
허물어져 갔지

우울한 근육은 줄어들고
마음은 다져진 길을 걸어갔지
생각이 엮어 낸 길
습관이 만들어 낸 길을

마침내 얼음 조각 위에
떠 있는 아이처럼
부서진 얼음 조각 위에서
그 위에 서 있거나 버려졌네.

## "To think…"

To think oneself again
into a tiny hole of self
and pull the covers round
and close the mouth —

shut down the eyes and hands,
keep still the feet,
and think of nothing if one can
not think of it —

a space in whose embrace
such substance is,
a place of emptiness
the heart's regret.

World's mind is after all
an afterthought
of what was there before
and is there still.

## "생각해 보니"


다시금 나 자신을
자아의 작은 구멍에다 밀어 넣고
이불을 끌어당겨 덮고
입을 다물어 버리는 것 —

눈과 손을 닫아 버리고,
발을 가만히 두고,
그것을 생각하지 못한다면
아무것도 생각하지 않는 것 —

그런 실체가 감싸 안고 있는
어떤 공간,
텅 비어 있는 장소
마음의 후회.

세상의 마음은 결국
뒤늦은 깨달음
원래 거기에 있던 것
그리고 여전히 거기에 있는 것.

# Old Song

I'm feeling ok still in some small way.
I've come too far to just go away.
I wish I could stay here some way.

So that what now comes wouldn't only be more
of what's to be lost. What's left would still leave more
to come if one didn't rush to get there.

What's still to say? Your eyes, your hair, your smile,
your body sweet as fresh air, your voice in the clear morning
after another night, *another night*, we lay together, sleeping?

If that has to go, it was never here.
If I know still you're here, then I'm here too
and love you, *and love you.*

## 옛 노래

아직은 그럭저럭 괜찮은 것 같아.
너무 멀리 와버려서 그냥 사라질 순 없어.
어떻게든 여기 머물고 싶어.

그래야 앞으로 다가오는 일들이 그저 잃어버릴 것들의
연장이 되지 않을 텐데. 남은 것들 있다면 서둘러서 거기
가지 않아도 앞으로 더 많이 오게 될 텐데.

무슨 말 더 할까? 당신 눈, 당신 머리카락, 당신 미소,
상쾌한 공기처럼 달콤한 당신 몸, 맑은 아침 당신 목소리,
우리 함께 누워 자던, 또 다른 밤, 또 다른 밤 지나?

그 모든 게 사라져야 한다면, 그건 애초에 여기 없던 것.
당신이 아직 여기 있다는 걸 내 안다면, 나 또한 여기 있고
당신을 사랑합니다, 당신을 사랑하오.

# Bye and Bye

Faded in face of apparent reality —
As it comes, I see it still goes on and on,
and even now still sitting at this table
is the smiling man who nobody seems to know.

Older, the walls apparently get higher.
No one seemingly gets to look over
to see the people pointing at the sky
where the old planes used to fly over.

I packed my own reality in a bag
and pushed it under the table,
thinking to retrieve it when able
some time bye and bye.

# 안녕 또 안녕

명백한 현실 앞에서 희미해져서 —
그 순간이 오면, 나는 그것이 계속되는 걸 보네,
지금도 여전히 이 테이블에 앉아서 웃고 있는 저 남자는
아무도 아는 이 없는 사람인 듯싶어.

나이가 들수록, 벽은 더 높아지는 것 같아.
낡은 비행기가 날아다니곤 하던
하늘에다 사람들이 손가락질하는 걸 보려고
올려보는 것 같은 사람은 하나도 없어.

나는 가방 하나에 내 현실을 담아서
테이블 밑에 밀어 넣었지,
언젠가 안녕 또 안녕 할 때가 오면
되찾을 수 있으리라 생각하면서.

# On Earth

One's here
and there is still elsewhere
along some road to hell
where all is well —

or heaven
even
where all the saints still wait
and guard the golden gate.

## 지상에서

여기 하나가 있고
저기에도 하나 있네
모든 것이 평안한
지옥으로 향하는 길 위에 —

혹은 천국
에도
모든 성인들이 아직도 기다리며
황금 문을 지키는 곳에.

작품에 대하여

## 긴장을 기르는 이들에게, Onward!

정은귀

　로버트 크릴리(Robert Creeley, 1926. 5. 21~2005. 3. 30). 크릴리 선생님을 생각하면 버펄로 클레멘스 홀 4층의 찰스 번스틴(Charles Bernstein) 선생님의 넓은 연구실이 먼저 생각난다. 연구실 삼면을 가득 채운 책과 테이프들, 그리고 한 면에 걸려 있던 등대 그림도. 크릴리와 나는 매주 만났다. 그 등대 그림 걸린 벽에 나란히 앉아 호수를 마주하면서 번스틴 수업에 함께 참석하는, 한 사람은 학생, 한 사람은 은퇴한 노교수로서. 2000년부터 2005년까지 우리는 늘 같은 자리에 앉아 이런저런 이야기를 나누었다. 2005년 3월, 그가 텍사스로 떠난 시 읽기 여정에서 폐렴에 걸려 갑자기 돌아가실 때까지.

　갑작스러운 이별을 기리기 위해 버펄로대학교에서 시 읽기 행사가 준비되었다. 모두 그와의 만남을 웃으며 회상할 때 나는 그를 기리는 시를 읽었다. 이별을 이야기하면서 우는 것은 촌스러운 일이라는 듯, 다들 어찌 그리 여유 있게 농담을 섞어가며 회고를 이어가는지, 하지만 나는 웃을 수가 없었다. 왜냐하면 시인이 살아 있을 때 그의 시가 정말 좋다는 고백을 하지 못한 아쉬움이 내내 남아서다. 5년간 매주 한 차례 만나는 가운데 정작 나는 시인으로서 크릴리에게 그의 시에 대한 이야기를 많이 하지 못했던 것이다. 시가 정말 좋다고, 당신의 시를 읽으면 마음에 일던 먼지가 가라앉는 느낌이 든다고, 그 고백을 말로 하지 못했기에 그 아쉬움에 나는 좀 울먹였던가.

 울지는 않았다. 그 울먹임은 어떤 아쉬움이고 미안함이었다. 그 시절, 번스틴의 넓은 방에서 여러 해 매주 만나 옆자리에 앉아 이야기를 나눈 우리. 그와 나눈 얘기는 내내 미국시사 전반에 대한 것이었다. 월트 휘트먼의 전통이라든가 비트 세대의 시인들과의 인연 등 낯선 곳에서 외국 문학으로 미국시를 공부하는 나의 호기심을 주로 질문으로 전했고, 그럴 때마다 크릴리는 아주 친절하게 조목조목 대답을 해주곤 했다. 시간이 계속 있을 줄 알았고, 그래서 '선생님 시가 정말 좋아요.'라는 말을 전하고 못했던 나. 그가 가고 나서야 그 아쉬움이 미안함으로 진하게 몰려왔다.

 선생님을 기리는 나의 자작시를 읽을 때 내 목소리가 조금 떨렸던가. 단상에서 내려와 자리에 앉아서 '나는 왜 남들처럼 근사하게 이별을 이야기하지 못했지.' 습관처럼 되새김질하던 순간, 누가 내 어깨를 톡톡 치며 말을 걸었다. 버펄로대 영문학과에서 낭만주의 시를 가르치시는 연배 지긋한 교수님이었다. "You are the only one who makes me cry." 눈물 그렁한 눈을 마주하며 우리는 서로 웃었다. 나는 울음을 참는 데 익숙해서, 그날 울지 않았던 것도 다행이다 싶다. 그 미안함 속에서 다짐했더랬다. 한국에 돌아가면 크릴리 선생님의 시를 우리말로 옮겨야지, 독자들에게 전해야지. 선생님이 내게 돈을 빌려주신 건 아니지만 마음의 빚을 크게 지고서 크릴리 선생님과 그렇게 작별했다.

 2005년 여름에 박사학위를 받았다. 그해 여름은 이성복 시인의 시집 『아, 입이 없는 것들』로 대산문화재단의 한국문학

번역지원 대상으로 선정되어 번역가의 길을 생각하지 않고 있던 내게 한영 번역의 길이 먼저 열린 시기이기도 하다. 번역을 하면 영한 번역을 생각했지, 이렇게 양방향 번역가의 길을 걷게 될지도 몰랐고, 오로지 시의 세례에 기쁘게 취해 한국에 돌아왔다. 그 후의 시간은 그저 훌훌 흘렀다. 시간이 내게서 도망갔다. 연구자로서 교육자로서 바삐 살면서, 번역하고 싶은 시인 리스트에 크릴리의 이름을 맨 위에 올려놓고도 다른 번역에 밀려서 스무 해가 지났다. 나와의 약속을 지키는 것이 이렇게 어려운 일이다. 어제 같은 기억을 되살리며 이제야 그를 기린다.

시인으로서 로버트 크릴리를 어떻게 자리매김할까? 예순 권이 넘는 책을 쓴 미국 시인이자 작가. 크릴리는 1926년 매사추세츠주 알링턴에서 태어났다. 친가 쪽은 매사추세츠주에 오래 뿌리를 내린 가문이었고 어머니는 메인주 출신이다. 시인 크릴리의 사진을 보면 다 눈이 좀 이상하다. 눈 한쪽이 감겨 있거나 가려져 있다. 두 살 때 깨진 유리 조각이 눈에 들어가 왼쪽 눈의 시력을 잃은 탓이다. 한쪽 눈의 시력을 잃으면 어떻게 될까? 읽는 거라면 무조건 좋아하는 나는 가끔 탐독(耽讀)이 병이 될 수도 있지 않을까 하는 생각을 하곤 한다. 그래서 시력을 잃는 일이 제일 두려운데 어려서 한쪽 시력을 잃은 크릴리에게 그 장애가 그리 큰 문제는 아니었을지도 모른다.

하지만 그 외에도 크릴리에게 삶의 불행은 여러 겹으로 덮쳐왔다. 20세기 초반을 사는 삶은 누구에게도 쉽지 않았을 것 같다. 네 살 때 아버지가 돌아가셨다. 이런 이야기를 들여다보면, 가끔 그 시절 그 사람에게 감정이 이입되곤 한다. 이번에는 어린 크릴리가 아니고 어머니에게로. 아들은 사고로 왼쪽 눈의 시력을 잃었고 남편은 세상을 떠났다. 올망졸망 두 아이와 남겨진 엄마, 어린 여성. 나라(미국)는 대공황으로 무척 어렵다. 이럴 때 삶을 어떻게 헤쳐가야 하나. 크릴리의 어머니는 간호사로 고군분투하며 가족의 생계를 책임진다.

크릴리의 시가 이념이나 정치 등 큰 이야기보다 친구와 가족을 둘러싼 사랑과 우정, 소통과 불통의 문제에 집중하고 삶의 우연적 찰나를 많이 이야기하는 것은, 어린 날부터 드리워진 어떤 그림자에 기인한다고 해도 크게 틀리진 않겠다. 평온한 삶에 어느 날 갑자기 균열이 가해지는 일. 어쩔 수 없이 만나지는 필연적인 슬픔과 불안. 그 안에서 삶을 이어가는 일. 불투명하게 잘 잡히지 않는 세상사의 일들에 의미를 부여하고 색을 입히는 시의 언어를 짓고 잇는 일.

가난하고 단촐한 환경 속에서도 크릴리는 하버드대학교에 입학하게 된다. 하지만 졸업하지는 못한다. 1943년에 입학했는데 2차 세계대전에 참전하느라 미군에 입대, 2년을 미얀마와 인도에서 구급차 운전수로 학교를 떠나 있었다. 세계대전이 끝나고는 다시 학교로 돌아왔지만 이른 나이에 결혼하여 가장의 무게를 지게 된다. 결국 졸업장 없이 학교를 떠나게 된 이유다.

하지만 다시 블랙마운틴 칼리지를 졸업하고 미국에서 투사시(Projective Verse)파로 알려진 찰스 올슨(Charles Olson)과 교류하게 된 것도 그때쯤이다. 그 계기도 재미있는데, 1949년에 교사가 되기 전에 뉴햄프셔주의 리틀턴에서 양계업자가 된 크릴리는 일하면서 라디오를 듣다가 라디오쇼에 자신의 시를 보냈는데, 우연히 올슨이 그 프로그램을 청취하면서 크릴리의 시를 듣고 좋아했다고 한다. 올슨은 1910년생으로 크릴리보다 16년 위다. 매사추세츠주 웨슬리안대학교에서 영문학을 공부했고 하버드에서 박사학위를 받은 올슨은 후에 노스캐롤라이나주의 블랙마운틴대학교에서 총장이 된다. 그때 크릴리는 《블랙마운틴 리뷰(Black Mountain Review)》의 편집을 맡게 되는데, 크릴리와 올슨이 함께한 시인들 그룹을 '블랙마운틴 시파'로도 부르는 것은 그런 이유다.

1950년대 후반부터 1960년대에 이르러 미국은 블랙마운틴, 샌프란시스코, 뉴욕 등을 중심으로 많은 시인들이 동인을 만들어 활발하게 활동했다. 당대 주류 문화에 반기를 들며 진보적인 반문화(Counter-Culture) 운동을 시가 이끌어 가던 시기, 크릴리는 문단의 르네상스가 시작된 샌프란시스코에도 날아가 당시 시「절규(Howl)」를 완성한 앨런 긴즈버그(Allen Ginsberg)도 만났으며 비트 세대의 악동 잭 케루악(Jack Kerouac)과도 친구가 되었다.

크릴리는 그 다양한 시 운동의 흐름 속에서 독자적인 시를 썼다. 떠들썩하게 큰 목소리와 분방한 시의 리듬이 주류를 이루던 시절에 일상의 언어로 간명한 형식을 추구한 크릴리는 평범한 사유를 비트는 어법으로 자신만의 시 세계를 열어 간다. 귀를 기울여 듣게 만드는 그의 시는 확장하고 뻗어나가는 소리이기보다는 쉼표를 찍으며 멈추는 소리였고, 그런 방식으로 독자들의 호응을 얻은 크릴리를 두고 20세기의 에밀리 디킨슨(Emily Dickinson)이라고 하는 것도 그 이유일 것이다.

크릴리의 시가 거대 서사보다는 일상의 층위를 담고 있는 것은 시인의 삶과 연결할 때 자연스럽다. 자서전적인 읽기를 가능하게 하는 일상의 흐름 속에서 그의 시는 즉흥적이고 압

축적인 리듬 속에서 감정을 자연스럽게 드러낸다. 시의 개방성을 이야기할 때 다른 시인들이 확장하는 리듬이라면, 크릴리는 일상의 언어에 스며들어 예상치 못한 순간에 새로운 움직임을 만드는 방식으로 현실을 구체화한다는 점에서 그러하다.

1960년대 크릴리는 여러 곳에서 시와 문학을 가르치다가 1967년 버펄로대학의 영문학과에 정착하게 된다. 2003년 브라운대학교로 옮길 때까지 미국 동부에서 새로운 문화를 만드는 진보적인 캠퍼스로 자리한 버펄로대학교에서 크릴리는 시의 새로운 문화를 만드는 데 큰 역할을 했다. 1970년대 미국시의 아방가르드 혁신으로 등장한 언어시(Language Poetry)파 시인들과 주고받은 우정은 미국시사에서 시 운동이 하나의 직선으로 이루어지는 것이 아니라 여러 만남들로 이루어진 걸 보여 주는 인상적인 사례다. 내가 버펄로에서 크릴리를 그렇게 가까이 만날 수 있었던 것도 수잔 하우(Susan Howe), 번스틴, 로즈매리 월드롭(Rosmarie Waldrop), 명미 김(Myung Mi Kim) 등을 엮어준 언어시 운동의 허브로서 버펄로가 갖고 있는 중요한 위치성 때문이었다.

버펄로대학교에서 40년 가까이 가르치면서 크릴리는 여기저기 여행을 많이 다녔다. 크릴리가 세상을 떠난 후 버펄로 신문에 "Onward"라는 제목으로 그를 기리는 특집 기사가 실렸는데, 어쩌면 이 단어가 크릴리의 삶과 시, 그 궤적 전체를 아우르고 있다고 여겨진다. 뉴멕시코, 볼리나스, 버펄로, 과테말라, 브리티시콜롬비아, 메인주 월도보로, 베를린, 헬싱키, 로드 아일랜드주 프로비던스 등 이루 셀 수 없이 많은 장소를 여행하면서 크릴리의 시는 일상의 편린들을 스치듯 엮는다. 크릴리에게 장소성이 중요한 것은 그런 이유인데, 그에게 장소성은 어떤 구체적인 장소를 시의 대상으로 삼아 풍경처럼 그리는 것이 아니다. 크릴리에게 장소는 자기 생의 특정한 시간대에 특정한 공간을 살아내는 일상의 흔적으로서 의미가 있다. 그래서 장소의 장소 됨이 두드러지기보다는 장소 안에서 시간성, 장소 안에서의 특정한 움직임이 언어화되곤 한다.

그에게 글쓰기, 시 쓰기는 특정한 장소 안에서 경험을 사실적으로 재현하는 도구가 아니라 장소와 연관된 경험을 다시 살게 하는 과정이자 움직임이다. 시는 이야기를 전하는 도구가 아니라 이야기의 일부를 경험하게 하는 과정이다. 그의 시를 읽을 때 독자는 언어가 작동하는 방식을 면밀하게 들여다봐야 하며, 그 응시 안에서 독자는 크릴리의 시가 개별성이자 보편성, 언어이자 인간이 되는 형식이라는 것을 알게 된다.

크릴리의 시가 짧고 간결한 형식을 취하고 있지만 의미를 쉽게 드러내지 않는 것은, 그 자신 영어라는 언어와 어떤 숨바꼭질을 하면서 생의 비의를 감추고 드러내고 하기 때문이리라. 크릴리는 "Form is never more than an extension of content."라는 수수께끼 같은 말을 남겼는데, '형식은 내용의 확장일 뿐'이라는 그 말은 형식과 내용을 분리하여 인식하고 설명하는 시 읽기의 관행을 깨고 그 둘을 순식간에 겹쳐 놓는다.

대개는 형식과 내용 중에 어느 하나를 우위에 두는 방식으로 설명하지만, 형식과 내용은 결국 샴쌍둥이처럼 분리될 수 없다. 내용이 자연스럽게 형식을 만든다. 이 말은 크릴리의 쉽고 간명한 언어가 어떤 행간에서 어떤 가능성을 품고 있는지 여백과 단어를 함께 보면서 시의 비의를 찾아나가는 독자의 읽기 행위를 더 적극적으로 초대한다.

짧지만 빽빽한 의미의 결을 숨기고 있는 시, 쓸쓸하고 냉소

적인 유머를 품은 언어, 생략과 압축과 반복 속에서 장난치듯 이어가는 크릴리의 시를 반복해서 읽으면서 우리는 시가 현실을 수동적으로 보여 주는 것이 아니라, 시가 현실을 새롭게 만드는 장면을 현재형으로 바라보게 된다. 사랑에 달뜬 젊은 날의 초상, 남루해진 혼인 생활의 일상, 떠나는 친구들, 여러 관계의 초상이 간명하게 그려지는 시인의 시는 나날의 세계 안에서 우리 각자의 위치를 새롭게 바라보게 한다. 급기야는 죽음까지 여유롭게 내다보면서.

  가족이라는 관계가 애틋하고 다정하면서도 또 지루하고 고통스럽다가, 또 막상 구체적으로 말하려고 하면 말을 할 수 없게 되는 알 수 없음이듯이, 연인이나 친구 관계도 마찬가지로 드러냄과 숨김을 반복하며 여러 무늬로 변주된다. 그 모든 변주를 가능하게 하는 것, 바로 언어다. 그에게 삶과 언어는 어떤 것을 우위에 놓을지 결정할 수 없는 똑같은 시의 질료다. 한 편의 시를 읽어볼까.

      탐스러운 단어들이 있다
      촉촉하고
      따뜻한
      살갗처럼.

      만질 수 있어서, 그것들은
      인간으로서 누리는,
      안도와,
      위안을 전한다.

그것들을 말하지 않으면
모든 욕망은
추상적으로 변하고
결국에는 죽어 버린다.

크릴리에게 시의 언어는 몸과 같다. 비교적 쉽게 읽히는 시 「사랑(Love)」에서 시인은 사랑이 무엇인지 말하지 않는다. 사랑 대신 단어들을 이야기한다. 하지만 그 단어를 가지고 이어가는 내용은 가장 내밀한 사랑의 질감을 전한다. 촉촉하고 따뜻한 살갗처럼 만지는 일, 인간이기에, 인간으로 가능한 그 안도와 위안. 그를 말하지 않으면 모든 욕망은 추상적으로 변하고 죽어 버린다는 말에서 시인은 어쩌면 말을 하지 않으면 다 소용없다고 항변하는 듯하다. 당신이 나를 사랑하는지 어떻게 아느냐고. 말하지 않으면 어떻게 아느냐고. 많은 연인들이 침묵과 오해의 더께 위에서 내지르는 항변을 이렇게 우아하게 말하는 시인의 언어.

그렇다고 언어가 모든 것을 다 가능하게 하지는 않는다. 시 「언어(Language)」는 거꾸로 말할 수 없음에 대한 시다.

놓아 두라
어딘가에 나는
당신을 사랑해를

이와
눈에, 그걸
깨물어라 하지만

다치지 않게

조심하면서, 당신은

원하네 너무


많이 너무

적게. 말들은

모든 것을 말한다.


　이 시는 조심스럽다. 사랑을 하는 모든 연인은 알 것이다. 그 사랑이 얼마나 조심스럽게 시작하는지, 사랑은 애지중지 아끼는 데서 시작한다. 눈과 입술, 시각과 촉각, 키스하는 연인의 입술을 생각해 보라. 사랑의 욕망은, 결국 사랑해, 라는 말로 발화되어 터져 나오지만, 우리는 알게 된다. 사랑의 욕망은 곧 상처를 주고받는 전투로 바뀐다는 것을.

　이 시는 사랑과 욕망에 대한 탐색에 그치지 않는다. 오히려 언어의 한계, 말할 수 없음, 어쩔 수 없음에 대한 철학적 탐색의 시다. 사랑한다, 사랑한다, 사랑한다, 말을 하면 들리는가? 말만 하면 알게 되는가? 시인은 "나 당신 사랑해."라는 말이 갖는 구멍을 통하여 사랑의 닿을 수 없는 속성을 언어가 갖는 재현의 한계로까지 확장한다. 나는 이 시를 너무 좋아해서 미국시를 읽는 수업에서 매번 이 시를 학생들과 함께 가르치는데, 알 듯 말 듯 모호한 이 시는 학기가 끝날 때쯤 되면 학생들의 기억에 가장 뚜렷하게 아로새겨진 시가 되어 있다.

　크릴리에게 시의 언어는 작은 꽃과도 같이 애처롭다가 탐스러운 몸이었다가 때로는 거식증으로 말라가는 몸처럼 살을 벼려낸다. 쓸데없는 말이 하나도 없는 크릴리의 시. 휘트먼의 시의 언어가 거침없이 탐식하는 언어라면, 크릴리의 시는 채식주의자처럼 정갈하게 자신을 돌아본다. 시인의 시선은 화를 내야 할 상황에서도 화를 내지 않고 우아하게 비튼다. 크릴리 시가 전하는 설득과 지혜는 힘에서 나오는 것이 아니라 힘을 빼는 어떤 호흡에서 온다. 나는 그게 참 좋다.

궁금하신 분들은 시를 하나하나 가만히 읽어보시길. 머뭇거림, 퉁명스러움, 알 수 없는 웅얼거림을 그대로 간직한 형식. 섹스 후에 연인이 오줌을 누던 젖은 시간을 기억하는 시를 읽으며 사랑하는 몸이 날 것으로 부딪치는 순간을 이토록 아무렇잖게, 아름답게 그려낼 수 있는 시인이 몇이나 될까 내심 궁금하다.

이국의 시를 읽는 독자들에게 늘 닥치는 어떤 모험, 가령 문화적 맥락에서 좀 어렵게 느껴지는 시도 이번 시집에 있다. 「카툴루스와 함께 쿵짝쿵짝(Stomping with Catullus)」은 고대 로마의 서정시인 카툴루스를 제목에 등장시키는데, 카툴루스는 이탈리아 베로나 출신의 문학청년이다. 베로나는 로미오와 줄리엣의 도시이기도 한데, 아버지가 아들을 정치가로 출세시키려고 로마로 유학 보낸다. 그런데 그렇고 그런 스토리처럼 카툴루스는 공부는 않고, 로마의 정계를 좌우한 메텔루스의 집에서 머물다 그의 부인, 연상의 귀부인 클로디아와 사랑에 빠지게 된다. 누가 먼저 작업을 걸었을까? 키케로에 따르면 클로디아는 당대 로마 최고의 팜파탈이었다고 하니까 아마 연상의 여인이 먼저 신호를 보냈을 가능성이 크다. 제목에 카툴루스를 직접 언급한 크릴리의 시에서 이 옛이야기가 주된 소재가 되지는 않는다. 이야기는 현대의 사랑 이야기다.

이 시에서 흥미로운 부분은 영어와 한국어를 번갈아 가면

〈For Will〉의 경우, 같은 제목의 시가 있는데 이번 선집에 싣지 못했다. 아버지와 아들의 관계에 대한 저릿한 시인데 말이다. 에밀리 디킨슨 시에 대한 화답시도 싣지 못했는데, 이런 이야기를 풀어낼 기회가 있으리라 믿고 아쉬움을 달랜다.

   이번 역자 후기를 쓰면서 시의 일부를 예시로 설명하는 방식을 되도록 취하지 않은 것은, 독자들이 크릴리의 시를 내 설명 없이 어떻게 읽어낼 것인가가 궁금하기 때문이다. 참고로, 나는 작품에 대한 '해제'보다 '역자 후기'라는 말을 더 좋아한다. 글의 목적이 살짝 다르기도 하지만, 뒤에 쓰는 글이라는 의미가 좋아서다. 그 이유는 최근에 나온 책 『번역가의 단어』에 일부 밝혀져 있는데 기회가 되어 독자들을 직접 만나는 자리에서 더 자세히 이야기할 수 있을 것이다. 암튼 이번 시집을 번역하면서 시에 대한 독자들의 이야기를 거꾸로 내가 더 듣고 싶다는 충동을 크게 느꼈다.

   시선집이라서 제목을 정하면서 편집자와 함께 오래 고심했다. 처음에는 크릴리의 대표작 "그 꽃"으로 가고 싶었지만, 그 제목도 여전히 좋지만 다소 무미한 것 같아서 결국 그 시의 첫 행 나는 "긴장을 기르는 것 같아"로 정했다. 눈 좋은 양희정 편집자의 제안이기도 하다. 크릴리의 시는 실은 긴장을 기르는 이들에게 보내는 작은 연서다. 우리 각자, 긴장을 기르는 몸을 웅크리고 사는 존재가 아니던가. 하지만 그는 그 각각의 존재를 불러낸다. 단체가 아니라 하나씩 하나씩, 따로따로.

   이런 에피소드가 있다. 내가 버펄로대학교에 도착한 첫 학기에, 나는 시 프로그램의 친구들과 끝장 토론을 한 적이 있다. 미국시사에서 휘트먼은 여러모로 문제적인 이름인데, 당시 시 프로그램 친구들이 모두 휘트먼과 로런스(D. H. Lawrence)를

폄하하는 분위기였다. 그 속에서 나는 용감하게 현대시사에서 휘트먼과 로런스의 위치와 무게를 주장하는 내용의 글을 포스팅했고, 그게 잇따라 릴레이 토의를 지피게 되었다.

그때 박사 5년차 학생으로 논문을 쓰고 있던, 버펄로 시 프로그램의 언니였던 린다와 막 한국에서 온 내가 토론에서 맞붙었는데, 내가 조금 당혹스러워진 단계에서 크릴리가 내 이름을 불러 나를 구해주었다. 자신은 은귀 생각에 동의한다고. 그때 그는 막 한국에서 도착한 이방인 박사 첫 학기생의 긴장을 구하고 싶었던 것일까? 아니면 젠더 이슈 혹은 정전 논쟁 속에서 현대시의 흐름을 제대로 균형 있게 읽어내는 시선을 우리에게 보여 주고 싶었던 것일까?

생각해 보니 나는 크릴리가 논쟁에서 내 편을 들어준 후에도 고맙다는 말을 하지 않았다. 크릴리 선생님의 지지가 큰 힘이 되었던 것은 분명하다. 잔뜩 긴장되고 위축되어 있던 나는 전투에서 이긴 개선장군도 아닌데 한껏 날아올랐으니, 그리고 이후 버펄로 시 프로그램에서의 생활이 한결 수월해졌으니, 크릴리는 긴장을 기르는 작은 꽃의 발화를 크게 도운 것이다.

크릴리는 사람으로서나 시로서나 작고 아프고 다정하고 닫힌 몸을 이완하게 만들고, 고통을 비스듬히 바라보면서 버티게 한다. 「아 안 돼(Oh No)」를 비롯하여 후기 시편으로 나아가면 죽음에 이르는 노년의 서글픈 여정마저도 순하게 받아들이게 한다. 앞부분의 시들이 청춘의 발랄함과 어설픔을 그대로 투명하게 전하고 있다면, 시집 뒤편에 배치된 시들 「"생각해 보니……"("To Think……")」, 「옛 노래(Old Song)」, 「안녕 또 안녕(Bye and Bye)」, 「지상에서(On Earth)」에 이르는 시들은 늙음과 회억, 죽음에 관한 가장 아름다운 연작시로 읽힌다. 때로

서늘하고 지독하게 솔직한 방식으로 시인은 나이를 먹으며 영원한 집으로 향하는 여정을 차곡차곡 보여 준다. 시인의 언어를 한국어로 다시 빚으며 나는 또 어김없이 크릴리의 마지막 날들을 떠올리게 된다. 내게 늘 청년이었던 선생님이지만, 그는 이미 어린 날부터 청년과 노인을 다 마음에 들여앉히고 살았던 것은 아닐까.

이번 후기를 마무리하면서 눈 밝은 독자들에게 청한다. 기회가 되면 크릴리의 언어가 한국어라는 다른 몸을 입고 나아가는 발걸음에서 독자들이 읽어나가는 방식, 그 이야기를 좀 들려달라고. 늘 그렇듯 나는 꽤 진지하게 시의 의미와 형식을 끝까지 밀어붙여 고민하는 번역가이지만, 그렇다고 너무 친절한 역자가 되고 싶지는 않아 이번에 조금 무심한 역자가 되고자 했는데, 이 또한 선생님 크릴리를 계속 생각하면서 번역하는 여정이 나를 이끈 자연스러운 결과다. 더 충실한 시의 독자를 밀착되게 만나려는 역자의 갈망을 독자들은 이해하겠지. 이 글을 쓰면서 번역가는 시간에 따라서, 또 작품에 따라서 계속 변화하는 존재라는 걸 실감한다.

마지막으로 물어본다. 크릴리의 시를 한 단어로 정의할 수 있을까? 일상어로서 영어가 품은 가능성을 누구보다 더 잘 다루는 그다. 굳이 이야기하자면 그의 시는 '관계의 시'라고 할 수 있다. 그 관계는 연인, 부부, 친구, 무엇이든 될 수 있고 시인이 언어와 맺는 관계이기도 하다. 그가 어느 꽃의 몸이 품고 있는 긴장을 응시할 때 '그 꽃'은 꽃이고 꽃이면서 꽃이 아닌 것이 되는 어떤 화학 작용을 일으킨다. 언어가 언어이면서 언어 아닌 언어 너머의 어떤 것이 되는 시의 기묘한 변신. 사랑이 사랑이고 사랑이며 사랑이면서 사랑 아닌 것이 되는 이 세상의 통속. 말을 하지 않으면 아무것도 아닌 것이 되는 것을 알았기에 크릴리는 추상과 구체 사이를 시계추처럼 오가며 단어를 고른다.

　이제 크릴리의 시가 한국어로 다시 태어났으니, 가능하다면 크고 작은 시 읽기 모임을 통해 수수께끼 같은 끝말잇기를 독자와 함께할 수 있으면 좋겠다. 크릴리의 시 속에서 우리는 에밀리 디킨슨도 만나고 윌리엄 칼로스 윌리엄스도 만나고, 네 살의 크릴리, 일흔여덟 살의 크릴리를 만난다. 진지한 언어철학자도 만나고, 미국이라는 국가의 역사, 과거와 현재도 함께 만난다. 누군가에게 그리운 추억으로 남은 장소들도 마치 내 특별한 기억의 장소인 것처럼 만난다. 시를 읽으면, 어느 한 사람에게만 실감 나는 구체적인 장소성이 먼 곳에 있는 이들에게도 비슷한 감정으로 전이되는 걸 느낄 수 있다. 그때 그곳은 지금 여기이기도 한 것이다.

　나의 은사님. 밥 크릴리가 빚어 놓은 작고 아프고 다정한 몸들을 만지는 시간 내내 기쁘고 신기했고 아프면서 웃었다. 적절한 단어를 고르느라 고민하면서 갸우뚱하던 시간도 크게 괴롭지는 않았다. '그 꽃'의 세계 속에는 나도 있고 암 선고를 받고 난 후 조금 울적해지신 나의 아버지도 있고, 그런 아버지를 티 안 나게 바라보는 엄마도 있다. 먼저 저세상에 가 일찌감치 좋은 자리 차지하고 있는 내 친구도 있다. 이 세상을 다 가진 듯 달뜬 마음으로 여자친구를 소개했다가 계절 바뀌어 헤어졌다고 시무룩해하는 옛 제자도 시 안에서 어른거린다.

　세상은 온통 통속이라서 서로를 찌르고 누르고 배반하지만, 시의 언어는 그 통속을 맑게 거르고 서늘하게 비춘다. 시의 통찰은 긴장을 기르는 몸이 가볍게 해방되는 순간을 선사한다. 학교에서 부과된 행정 업무와 책임감 속에서 예상보다 많이 늦어진 시집이지만 봄여름가을겨울 변함없이 시를 읽는 충실한 독자이자 비평가로서 번역하는 묵언 수행 덕분에 간신히 마침표를 찍었다. 좋은 시집을 꾸준히 내고자 하는 양희정 편집자의 바지런한 재촉이 다시 또 고맙다.

밥(Bob). 20년 전의 약속을 너무 늦게, 스무날 휴가처럼 간소하게 내미는 저의 천연스러움을 당신은 이해해 주시겠지요. 당신은 늘 고개를 끄덕이고 웃어주셨으니. 어느새 다시 또 여러 계절을 건너며 그의 한마디에 기대어 독자들에게 다시 청한다. 행복하고 골똘한 시 읽기를 통해 이 곤혹스럽고 알 수 없는 세계를 건너며 생의 경이를 조금 더 찬찬히 누리자고. Onward! 시와 함께 한 걸음 더 나아가자고.

세계시인선 18　　나는 긴장을 기르는 것 같아

1판 1쇄 찍음 2025년 11월 15일
1판 1쇄 펴냄 2025년 11월 25일

지은이　로버트 크릴리
옮긴이　정은귀
발행인　박근섭, 박상준
펴낸곳　(주)민음사

출판등록　1966. 5. 19. (제16-490호)
주소　　　서울시 강남구 도산대로1길 62
　　　　　강남출판문화센터 5층 (06027)
대표전화　02-515-2000　팩시밀리 02-515-2007
www.minumsa.com

ⓒ (주)민음사, 2025. Printed in Seoul, Korea

ISBN　978-89-374-7718-8 (04800)
　　　　978-89-374-7500-9 (세트)

* 잘못 만들어진 책은 구입처에서 교환해 드립니다.

세계시인선 목록

| | | |
|---|---|---|
| 1 | 카르페 디엠 | 호라티우스 | 김남우 옮김 |
| 2 | 소박함의 지혜 | 호라티우스 | 김남우 옮김 |
| 3 | 욥의 노래 | 김동훈 옮김 |
| 4 | 유언의 노래 | 프랑수아 비용 | 김준현 옮김 |
| 5 | 꽃잎 | 김수영 | 이영준 엮음 |
| 6 | 애너벨 리 | 에드거 앨런 포 | 김경주 옮김 |
| 7 | 악의 꽃 | 샤를 보들레르 | 황현산 옮김 |
| 8 | 지옥에서 보낸 한철 | 아르튀르 랭보 | 김현 옮김 |
| 9 | 목신의 오후 | 스테판 말라르메 | 김화영 옮김 |
| 10 | 별 헤는 밤 | 윤동주 | 이남호 엮음 |
| 11 | 고독은 잴 수 없는 것 | 에밀리 디킨슨 | 강은교 옮김 |
| 12 | 사랑은 지옥에서 온 개 | 찰스 부코스키 | 황소연 옮김 |
| 13 | 검은 토요일에 부르는 노래 | 베르톨트 브레히트 | 박찬일 옮김 |
| 14 | 거물들의 춤 | 어니스트 헤밍웨이 | 황소연 옮김 |
| 15 | 사슴 | 백석 | 안도현 엮음 |
| 16 | 위대한 작가가 되는 법 | 찰스 부코스키 | 황소연 옮김 |
| 17 | 황무지 | T. S. 엘리엇 | 황동규 옮김 |
| 18 | 나는 긴장을 기르는 것 같아 | 로버트 크릴리 | 정은귀 옮김 |
| 19 | 사랑받지 못한 사내의 노래 | 기욤 아폴리네르 | 황현산 옮김 |
| 20 | 향수 | 정지용 | 유종호 엮음 |
| 21 | 하늘의 무지개를 볼 때마다 | 윌리엄 워즈워스 | 유종호 옮김 |
| 22 | 겨울 나그네 | 빌헬름 뮐러 | 김재혁 옮김 |
| 23 | 나의 사랑은 오늘 밤 소녀 같다 | D. H. 로렌스 | 정종화 옮김 |
| 24 | 시는 내가 홀로 있는 방식 | 페르난두 페소아 | 김한민 옮김 |
| 25 | 초콜릿 이상의 형이상학은 없어 | 페르난두 페소아 | 김한민 옮김 |
| 26 | 알 수 없는 여인에게 | 로베르 데스노스 | 조재룡 옮김 |
| 27 | 절망이 벤치에 앉아 있다 | 자크 프레베르 | 김화영 옮김 |
| 28 | 밤엔 더 용감하지 | 앤 섹스턴 | 정은귀 옮김 |

| | | |
|---|---|---|
| 29 | 고대 그리스 서정시 | 아르킬로코스, 사포 외 | 김남우 옮김 |
| 30 | 셰익스피어 소네트 | 윌리엄 셰익스피어 | 피천득 옮김 |
| 31 | 착하게 살아온 나날 | 조지 고든 바이런 외 | 피천득 엮음 |
| 32 | 예언자 | 칼릴 지브란 | 황유원 옮김 |
| 33 | 서정시를 쓰기 힘든 시대 | 베르톨트 브레히트 | 박찬일 옮김 |
| 34 | 사랑은 죽음보다 더 강하다 | 이반 투르게네프 | 조주관 옮김 |
| 35 | 바쇼의 하이쿠 | 마쓰오 바쇼 | 유옥희 옮김 |
| 36 | 네 가슴속의 양을 찢어라 | 프리드리히 니체 | 김재혁 옮김 |
| 37 | 공통 언어를 향한 꿈 | 에이드리언 리치 | 허현숙 옮김 |
| 38 | 너를 닫을 때 나는 삶을 연다 | 파블로 네루다 | 김현균 옮김 |
| 39 | 호라티우스의 시학 | 호라티우스 | 김남우 옮김 |
| 40 | 나는 장난감 신부와 결혼한다 | 이상 | 박상순 옮기고 해설 |
| 41 | 상상력에게 | 에밀리 브론테 | 허현숙 옮김 |
| 42 | 너의 낯섦은 나의 낯섦 | 아도니스 | 김능우 옮김 |
| 43 | 시간의 빛깔을 한 몽상 | 마르셀 프루스트 | 이건수 옮김 |
| 44 | 작가 | 호르헤 루이스 보르헤스 | 우석균 옮김 |
| 45 | 끝까지 살아 있는 존재 | 보리스 파스테르나크 | 최종술 옮김 |
| 46 | 푸른 순간, 검은 예감 | 게오르크 트라클 | 김재혁 옮김 |
| 47 | 베오울프 | 셰이머스 히니 | 허현숙 옮김 |
| 48 | 망할 놈의 예술을 한답시고 | 찰스 부코스키 | 황소연 옮김 |
| 49 | 창작 수업 | 찰스 부코스키 | 황소연 옮김 |
| 50 | 고블린 도깨비 시장 | 크리스티나 로세티 | 정은귀 옮김 |
| 51 | 떡갈나무와 개 | 레몽 크노 | 조재룡 옮김 |
| 52 | 조금밖에 죽지 않은 오후 | 세사르 바예호 | 김현균 옮김 |
| 53 | 꽃의 연약함이 공간을 관통한다 | 윌리엄 칼로스 윌리엄스 | 정은귀 옮김 |
| 54 | 패터슨 | 윌리엄 칼로스 윌리엄스 | 정은귀 옮김 |
| 55 | 진짜 이야기 | 마거릿 애트우드 | 허현숙 옮김 |
| 56 | 해변의 묘지 | 폴 발레리 | 김현 옮김 |

| | | |
|---|---|---|
| 57 | 차일드 해럴드의 순례 | 조지 고든 바이런 | 황동규 옮김 |
| 58 | 우리가 길이라 부르는 망설임 | 프란츠 카프카 | 편영수 옮김 |
| 59 | 바이올린과 약간의 신경과민 | 블라디미르 마야콥스키 | 조규연 옮김 |
| 60 | 두이노의 비가 | 라이너 마리아 릴케 | 김재혁 옮김 |
| 61 | 나는 나의 삶을 살고 있습니다 | 라이너 마리아 릴케 | 김재혁 옮김 |